はじめて学ぶ スポーツ心理学 12講

楠本恭久 編著

三村　覚
續木智彦
須田和也
佐々木史之
園部　豊
佐藤雅幸

立谷泰久
高井秀明
秋葉茂季
平田大輔
齋藤雅英

福村出版

[JCOPY] 〈出版者著作権管理機構 委託出版物〉
本書の無断複写は著作権法上での例外を除き禁じられています．複写される場合は，そのつど事前に，出版者著作権管理機構（電話 03-5244-5088, FAX 03-5244-5089, e-mail: info@jcopy.or.jp）の許諾を得てください．

まえがき

　本書『はじめて学ぶ　スポーツ心理学 12 講』は異なる視点からとらえた 12 の講義からなっている。スポーツ心理学の歴史からはじまって，スポーツの心理臨床で終わっている。なぜ 12 講であるかについては，近年の半期授業形態による 15 回の授業が関係している。15 回の授業のうち 12 回をこの書で学習し，残る 3 回の授業は実習とまとめということになる。以上のような理由から 12 講が組まれた，というのは表向きの理由で，本当の理由は，ただ編者のこだわりによるものであるかもしれない。

　編者が 20 代の頃，東京・神田の神保町は，店頭に特価本が山と積まれた古書店が軒を連ね，それはそれは楽しい癒しの場であった。毎週のように古書を購入して意気揚々と下宿に帰ってきたのを覚えている。これらの書の中に，元良勇次郎著『心理学十回講義』（冨山房，明治 30 年），松本亦太郎著『実験心理学十講』（弘道館，大正 3 年），高島平三郎著『応用心理十四講』（洛陽堂，大正 9 年），青木庄左衛門著『心理学二十一講』（雄文閣，昭和 6 年），小野島右左雄著『最近心理学十二講』（培風館，昭和 5 年）などがあり，将来テキストをつくるときの書名は「○○講」にしようと密かに決めていた。1999 年に出版した『新 生徒指導論 12 講』（福村出版）もこのような理由によるものであった。

　ところで，本書のタイトルの冒頭についている「はじめて学ぶ」についてであるが，それはこの書がスポーツ心理学の入門編であるということではなく，この書が新しい知見をふんだんに取り入れ，わかりやすく解説している書であるという意味だということをここに断っておきたい。

　スポーツ心理学の母体となる日本スポーツ心理学会が発足して 41 年が経過した。2000 年には「スポーツメンタルトレーニング指導士」資格認定制度ができ，今では 100 名を越える指導士が全国で活躍している。日本スポーツ心理学会の会員数や学会発表数も年々増加しており，こうした状況の中で研究，実践の方向が自ずから定まってきている。つまり，研究では基礎的研究（学習や発育・発達）と健康スポーツ，実践では，メンタルマネジメントと心理臨床研

究，これらがスポーツ心理学の主流となるであろうことが容易に想像できる。そして，その根底を流れるものが「役に立つ心理学」であることも。これらを前提としてできたのが本書『はじめて学ぶ スポーツ心理学12講』であることを付記しておきたい。

　1964（昭和39）年10月10日（編者が高校1年のときであったが），アジアで最初に開催された第18回オリンピック東京大会開会式は雲一つなく晴れ渡っていた。石川啄木の詩「飛行機」を想い出すほどの青い空の色であった。あれから50年が経過した，2013年9月7日，第32回となる2020年のオリンピック大会が東京に決定した。さらに，これに先立つこと2年，2011年には，第177回国会においてスポーツ基本法が成立し，6月24日に平成23年法律第78号として交付された。このスポーツ基本法の前文で，「スポーツは，世界共通の人類の文化である」ことについてふれている。さらに，16条（スポーツ科学的研究の推進等）では，「国は，医学，歯学，生理学，心理学，力学等のスポーツに関する諸科学を総合して実際的及び基礎的な研究を推進し，これらの研究の成果を活用してスポーツに関する施策の効果的な推進を図るものとする」ことを明示している。スポーツ基本法の成立，東京オリンピックの開催というこの二つのできごとは，今後のスポーツ心理学の真価が問われることを意味している。本書『はじめて学ぶ スポーツ心理学12講』をとおして若き学徒たちに「研究」と「実践」の両領域をきちんと理解してほしいという願いをこめて「まえがき」とする。

　最後に，本書の企画から出版まで多大なるご理解を寄せていただいた福村出版に，こころより感謝申し上げる次第である。

2014年12月

編著者　楠本恭久

目　次

まえがき 3

1講　心理学からスポーツ心理学へ ……………………… 9

1節　心理学の歴史　9
2節　応用心理学としての教育心理学　11
3節　教育心理学から体育心理学・スポーツ心理学　14
　　トピックス1　因縁　18

2講　スポーツ心理学の研究法 ……………………… 21

1節　スポーツ心理学の研究領域　21
2節　研究の進め方　22
3節　データの採取・分析と統計処理　26
4節　実験　31
5節　質的研究　32
　　トピックス2　よく用いられる生理指標の特徴　34

3講　スポーツと発達 ……………………… 37

1節　遺伝と環境　37
2節　発達　39
3節　身体と運動の発達　41
　　トピックス3　「からだと動きの育ちそびれ」回復の栄養素　48

4講　スポーツと学習 ………………………………… 51

1節　人の運動行動――生得的行動と習得的行動　51
2節　スキルの要素と分類　52
3節　学習理論――どのように学習が成立するか　54
4節　学習過程――どのように学習が進行するか　57
5節　練習の組み立て　60
　　トピックス4　どのゴルフクラブを選びますか？　65

5講　スポーツとパーソナリティ ………………………… 67

1節　パーソナリティ　67
2節　スポーツ選手とパーソナリティ　72
3節　スポーツと不安，あがり　76
　　トピックス5　競技中に動揺する場面　81

6講　スポーツと動機づけ ………………………………… 83

1節　やる気のきっかけ　83
2節　動機づけのメカニズム　86
3節　動機づけとパフォーマンス　91
4節　動機づけを高めるための目標設定　94
　　トピックス6　プロスポーツ選手の目標設定　98

7講　スポーツと社会心理学 ……………………………… 101

1節　スポーツ集団について　101
2節　スポーツ集団における凝集性　103
3節　スポーツ集団のモラール　105
4節　チームの向上と改善　106
5節　スポーツ場面での他者の存在　108

トピックス7　2009年WBCから学ぶチームリーダーの重要性　112

8講　競技の心理　115

1節　競技の心理的特性　115
2節　競技者の心理　117
3節　指導者の心理　121
4節　けがと心理　123
5節　本講の終わりに　127
　　　トピックス8　あなたは，どのような選手になりたいのですか？　129

9講　メンタルトレーニング　131

1節　メンタルトレーニングとは　131
2節　メンタルトレーニングに関する資格制度　133
3節　競技力向上や実力発揮に必要な心理的スキル　134
　　　トピックス9　世界は考え方ひとつで一変する　144

10講　心理臨床技法のスポーツへの応用　147

1節　心理臨床技法とスポーツ　147
2節　こころのとらえ方　148
3節　心理臨床技法のスポーツへの応用　151
　　　トピックス10　運動とイメージ　162

11講　健康スポーツの心理　165

1節　運動・スポーツとこころの健康　165
2節　運動・スポーツの心理的効果　167
3節　運動・スポーツの継続について（行動変容）　171
4節　ストレス　173
　　　トピックス11　学生時代に運動経験ありでも油断は禁物　180

| 12講 | スポーツと臨床 …………………………………………… 183 |

1節　スポーツと臨床心理学　184
2節　スポーツ活動にともなう諸問題　187
3節　スポーツ活動参加前の問題　196
4節　スポーツ活動の離脱にともなう問題　197
　トピックス12　発達障害のある幼児に対する海外の運動指導の動向　200

人名索引　202
事項索引　204

1講 心理学からスポーツ心理学へ

　本講では，スポーツ心理学の親学問である心理学からはじめて，その応用的学問である応用心理学，さらに教育心理学，教育心理学が深くかかわる体育心理学，そして体育心理学からスポーツ心理学へとその道筋をわかりやすく紹介する。

1節　心理学の歴史

1　長い過去と短い歴史

　心理学の歴史についてふれるとき，必ずといっていいほど出てくるのがエビングハウスの「心理学は長い過去と短い歴史をもっている」という言葉である。この言葉は，心理学の歴史をまさにぴたりと表現していると思われる。現在我々が考える「こころ」「生命」「霊魂」などは，有史以来，多くの人々が探求してきたものであり，これがまさに「長い過去」に当たる。そして18世紀に入り，これらを科学的に立証できるものにしようと実験という旗を振りかざして現れたのが実験心理学である。実験心理学の登場は，心理学が科学としてこの世に認められる大きなきっかけとなった。

　「長い過去」の中で忘れてはならないのが，アリストテレスの『霊魂論（デ・アニマ）』である。「アリストテレスの心理学」とも呼ばれるこの書物の中には，こころの在処についての記述がみられる。アリストテレスはプラトンの弟子であり紀元前4世紀の古代ギリシャの哲学者であるが，この書物の中で，我々人間にはこころがあり，それは心臓に存在することについてふれている。

　さらに忘れてならない人物はデカルトである。デカルトは16世紀フランスに生まれ，哲学者，数学者で

図1-1　アリストテレス

図1-2 デカルト

あり，近世哲学の祖として知られている。デカルトの有名な言葉に，「我思う，ゆえに我あり（cogito, ergo sum）」があるが，人の本質はこころにあるとし，こころやこころがからむ科学的にあつかえない問題を科学の対象から切り離し人の精神を除くすべての現象を科学とした。また，デカルトというと「心身二元論」が有名であるが，心身二元論はプラトンの対話篇にみられる理性的霊魂の不滅や，その弟子アリストテレスの霊魂論など古代ギリシャ哲学の霊魂論にさかのぼることができる。デカルトの心身二元論（私が思うことができるのは，この身体があるから可能であり，心身の相互性抜きには成立しない）という考え方は，後世，ニーチェやベルグソンらの批判を浴びた。このようにして心理学の「長い過去」は，多くの研究者（哲学者）たちによって発展してきたが，これらはあくまで哲学的心理学であり，科学的心理学にはほど遠いものであった。

2 哲学的心理学から科学的心理学へ

「短い歴史」の創始者の代表は，ヴントである。ヴントは，1832年にドイツのマンハイムで生まれた。後に近代生理学の父とよばれるヨハンネス・ミュラーのもとで研究を進め，生理学，哲学，心理学などさまざまな学問領域にかかわるが，後に実験心理学の父と呼ばれるに至る。ヴントの研究の歩みをみると，『生理学的心理学綱要』（1873-1874年），世界で初の心理学雑誌とされる『哲学研究』（1881年），『民族心理学』（1890年）など多種多様な著作にまとめ

図1-3 ヴント

られている。しかし，ヴントの最も大きな貢献は，それまでの哲学的な心理学とは異なる実証的な心理学を目指し，実験心理学で最初の書物である『感覚知覚論』（1862年）を著したことであり，また勤務していたライプツィヒ大学に世界で最初の心理学実験室を創設（1879年）したことである。この心理学実験室に世界各国から多くの心理学者たちが実験心理学を学びにくることになる。ヴントの研究室で学んだ心理学者

たちは自国に戻り，この新しい心理学をさらに発展させることとなる。このヴントのもとで学んだ研究者には，キュルペ，ティチナー，スタンレー・ホール，クレペリン，モイマンなど多くの著名な研究者が名を連ねている。わが国では，元良勇次郎や松本亦太郎らがライプツィヒを訪れている。そして，元良勇次郎によって1878（明治11）年にはじめて東京帝国大学においてヴントの心理学の講義が始められ，ついで松本亦太郎によって実験心理学の基礎が定められた。

松本亦太郎の徹底した実証精神は多くの逸材を得て華々しく展開するが，体育心理学の芽はこの中にあったのである。

3　わが国の心理学

わが国の心理学の歴史にふれるとき，この心理学という言葉がいつ頃から使用されはじめたかについて述べなければならない。それは，1869年にジョセフ・ヘヴンの著した『Mental Philosophy』を西周が翻訳し，『奚般氏著 心理学』という書名で1875（明治8）年に文部省から公刊されたのが最初である。そして，このときにまさにわが国において心理学が誕生したことになる。『Mental Philosophy』を現代訳すれば『精神の哲学』であるが，哲学という用語すらない時代に西周は，心理学という言葉を造語したわけである。なお，『Mental Philosophy』や『奚般氏著 心理学』についてのエピソードを講の末に設けたトピックスでふれている。

『奚般氏著 心理学』の内を垣間みてみると，第1部では「表現力を論ず」として知覚（五感）についてふれており，第2部では「再現力を論ず」として記性（記憶）と想像力について論じている。さらに第3部で「反射力を論ず」，第4部で「直覚力を論ず」と続く。興味深いのは，最後の増補題目において「睡眠」や「夢」について論じていることである。それにしても，この書は旧漢字と片仮名だけで著しているので筆者にとって読み辛いこと甚だしい。

2節　応用心理学としての教育心理学

1　ヘルバルトとモイマン

心理学が科学として社会に認められるようになると，当然のごとくこの心理

学をさまざまな領域に応用すべく研究がはじめられた。ヴントが提唱する実験心理学を教育という領域に応用しようとする動きが出現しても不思議ではない。

　ヘルバルトは1776年オランダ国境に近いドイツ，オルデンブルクに生まれ，イェーナ大学で学んだ。大学ではフィヒテのもとで学んだが，フィヒテの観念論に疑念を抱き決別した。その後，ペスタロッチの学校を訪れ，その影響を強く受けたようである。ヘルバルトは哲学者，心理学者，教育学者として有名であるが教育学の領域では教育心理学の父と呼ばれている。それは，彼が教育の目的を倫理学に，方法を心理学に求め，教育学を体系化したことからも伺えるし，また，教育の方法として「管理」「教授」「訓練」の3要素（教育的教授）を提唱し，教育の目標は強固な道徳的品性と興味の多面性の陶冶にあるとしたことからも伺える。ヘルバルトは「教授（陶冶）のない教育などというものの存在を認めないし，逆に教育のないいかなる教授（陶冶）も認めない」という名言を残している。ヘルバルトの学説は世界に影響を与え，ヘルバルト学派を形成した。わが国でも明治期に同学派のラインの五段階教授説（予備―提示―比較―総括―応用）が伝わり当時の教育界に大きな影響を与えた。しかし，残念に思うのはこのヘルバルトの時代がヴント以前であったことである。つまり，ヘルバルトの時代は近代科学としての心理学自体が未成熟であったことから，観念的な心理学にならざるをえなかったということである。

　このヘルバルトの時代の後，19世紀から20世紀初めにかけて，前述のヴントの弟子であるモイマンが実験心理学と教育との結合を目指して『実験教育学入門講義』（1907年）を著した。この書の中でモイマンは実験教育学を提唱し，児童の身体，知覚，注意，記憶，思考，意志，パーソナリティの発達と個人差についてふれている。ここには現代教育心理学の四大領域（発達，学習，人格適応，測定評価）にいずれ統合されていくような内容がすでに網羅されていた。

2　わが国における応用心理学の萌芽

　体育心理学のもととなる教育心理学について，辞典をひもといてみよう。『教育心理学小辞典』（有斐閣）によると教育心理学とは，「教育に関する諸活動を心理学的に研究し，その実践的な課題を解決するための理論と技術を提供する学問である」と定義している。前述のヘルバルトが教育の目的を倫理学に，

その方法を心理学に求めたのが19世紀初めであり，その後欧米において研究が進み，20世紀初めにソーンダイクが著した『教育心理学』（全3巻）がその後においての教育心理学の学問的体系の基準となった。わが国においては，他の学問と同様に明治期欧米から輸入され，大正期児童研究や教育測定の分野において研究が盛んになった。1945年以降はアメリカからの影響を受け，研究活動は広がりをみせた。現在では教育心理学を一般心理学の応用分野とみなす立場と教育心理学を独立した学問領域と位置づける立場とがあるようである。

わが国における応用心理学の萌芽は，前述したように大正期にさかのぼる。この中枢的役割をはたしたのが東京大学の心理学研究室であったことは論を待たない。松本亦太郎は社会の各方面からの要請に応じて，心理学専攻者をその研究の方向性などを勘案しながら差し向け，それぞれに研究させることに力を尽くした。このようにして，適材適所に割り振られた研究者たちは実験室から実際の社会に出て，存分に才能と力を発揮し，それぞれの道を開拓していくことになる。

3 教育における心理学の応用

教育面における心理学の応用については，小・中・高等女学校などにおける知能・教育検査および入学試験における知能検査の応用などが主なる仕事であり，田中寛一，渡辺徹，楢崎淺太郎らの活躍があった。

後述する体育心理学の創生について，松本亦太郎の著した『心理学講話』をひもといてみよう。その中には「……文部省の体育研究所（1924年に開設）においては，北豊吉君を所長として計画しているが，最初より体育を心理的方面からも研究することを必要とし，心理学専攻の松井三雄君にその研究を着手せしめ，後同君を欧米に研究生として派遣した。また，阿部芳甫氏が同所技手となって研究に従事している。松井君は最近帰朝して同所の技手となった」と記されている。松井三雄は1925（大正14）年より約2年間ドイツに留学し体育心理学の研究に従事した。

このようにして松本亦太郎の蒔いた種は多種多様な領域で花開くこととなる。体育心理学も決して例外ではない。

3節　教育心理学から体育心理学・スポーツ心理学

1　わが国における体育心理学のはじまり

　ヴントの実験心理学を学んだ元良勇次郎と松本亦太郎についてはすでにふれたが，わが国では，1916～1917（大正5～6）年頃から心理学の応用的側面の研究が盛んになり，この中枢的役割をはたしたのが東京大学の心理学研究室であった。長田一臣は自書『体育心理学』（1969年）において「わが国の体育心理学は松井三雄に始まり，その後多くの研究者によって次第に研究が進められているが，学問として十分であるかどうかはまだ議論されている。いずれ段々と体系化され，確立されてゆくであろう。学生諸君が将来この仕事に加わる時のために，その場所を学問的系譜にそって作図し，ここに掲げておこう」とし，以下のような図を示している。

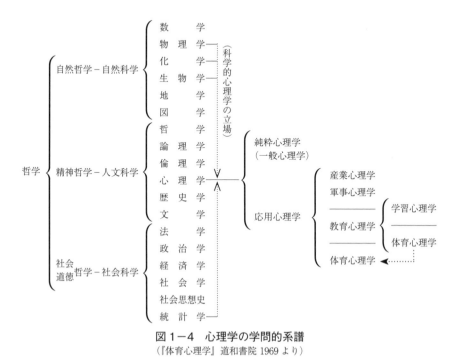

図1−4　心理学の学問的系譜
（『体育心理学』道和書院 1969 より）

この図によれば，長田は応用心理学の重要な領域である教育心理学の一領域として学習心理学・体育心理学をあげている。しかし，一方で，体育心理学の発展にともない，教育心理学から独立した応用心理学の一つとしての体育心理学を考えていた。

この図中にある「軍事心理学」，この中には「航空に対する心理学の応用」が含まれている。つまり，パイロットの適性検査，操縦に関する運動知覚の正確度の個人差的研究，航空における心理・生理的変化の研究，さらに，パイロットの位置感覚，身体安定度に関する研究など多くの研究が求められた。これらの航空心理に関する心身的諸問題は体育運動における心身的課題と共通した側面がきわめて多く，前述の松井三雄は体育研究所に移って，スポーツおよび体育運動の心理と取り組む際の実験法として，航空心理実験法を基本的に取り入れている。

ここに新しき学問（体育心理学）の創始者として，松井三雄の略歴を記しておこう。松井三雄は，1897（明治30）年山口県に生まれ，第五高等学校を経て東京帝国大学心理学科に学び，1923（大正12）年に同学を卒業，1925（大正14）年ドイツに留学，帰国後，文部省体育研究所技師として体育心理学部門を担当してその学問的体系の確立と発展に尽力した。

2 体育心理学からスポーツ心理学へ

今では死語に近くなりつつある体育心理学という語であるが，教育心理学の一領域と考えれば，体育心理学を「身体教育の心理学」ととらえることができる。前述の長田は体育心理学の主な研究対象として以下の10項目をあげている。

(1) 体育の本質に関する研究
(2) 身体運動に関する研究
(3) 対象の心身の構成と発達の研究
(4) 運動の心理学的特質の研究
(5) 運動の学習並びに練習に関する研究
(6) 運動の心身に及ぼす影響の研究
(7) 運動の効果と評価に関する研究

(8) 身体活動と精神衛生
(9) 指導法
(10) 指導者の資質と条件

これら10項目を概観すると，現在盛んになりつつあるスポーツ心理学研究に深くかかわっていることに気づかされる。

研究の基盤となる学会についてみてみよう。わが国では1949年の新制大学の発足にともなって大学での保健体育が必修科目となり，各大学の教員を中心として体育・スポーツの研究が進められるようになった。そこで，1950年には日本体育学会が設立され，体育・スポーツの科学的研究がスタートした。日本体育学会が設立されて10年が経過した1960年に体育・スポーツ心理学に興味をもつ研究者たちによって，日本体育学会の中に体育心理学専門分科会が発足した。その後，体育・スポーツ心理学にかかわる活発な研究が進められるようになった。

さらに，1973年には日本スポーツ心理学会（JSSP）が発足し，2013年には第40回大会が行われた。現在のスポーツ心理学会会員数には目を見張るものがあり，毎年増加の一途をたどっている。さらに喜ぶべきことには，これらの会員が若き学徒であることである。

体育・スポーツ心理学の学会は，わが国だけではなく世界的にも広がっている。ここに主な国際学会を紹介しておこう。それは，国際スポーツ心理学会（ISSP），北米スポーツ心理学会（NASPSPA），応用スポーツ心理学会（AAASP），ヨーロッパスポーツ心理学会（FEPSAC），アジア南太平洋スポーツ心理学会（ASPASP）などであり，今後さらなる発展が期待できよう。

3　スポーツ心理学の研究領域

スポーツ心理学の研究領域について，2008年に日本スポーツ心理学会がまとめた『スポーツ心理学事典』をひもといてみよう。
・スポーツ運動の発達
・スポーツの運動学習
・スポーツの動機づけ
・スポーツ社会心理

・競技の実践心理
・スポーツメンタルトレーニング
・健康スポーツの心理
・スポーツ臨床

　これらの項目と前述した長田の体育心理学の研究対象とを照らし合わせてみると，類似点とその違いがみえてくるであろう。スポーツ心理学の中に新たに見えてくる「スポーツメンタルトレーニング」や「健康スポーツの心理」，そして，「スポーツ臨床」は，近年急速に研究発表の数を増やしている領域であることを思えば，今後さらに発展が期待されるであろう。

●参考文献
日本スポーツ心理学会（編）『スポーツ心理学事典』大修館書店　2008
日本応用心理学会（編）『応用心理学事典』丸善　2007
長田一臣（著）『体育心理学』道和書院　1969
宮城音弥（編）『岩波心理学小辞典』岩波書店　1979
勝田守一（編）『岩波小辞典教育』岩波書店　1956

トピックス1

因　縁

　1976（昭和51）年10月29日，筆者（その当時28歳）は神田神保町の古本屋街を1人歩いていた。とある古本屋の前でふと足がとまる。その古本屋は神保町に来たときよく立ち寄るところであった。何気なく中に入り本棚をみていると2冊の本が目にとまった。その1冊が『Mental Philosophy』であり，もう1冊が『奚般氏著 心理学』であった。これをみた瞬間，身体が震えた。たとえどんなに高価であっても買うだろうなぁという予感めいたものがあった。予感どおり2冊を購入し，胸をわくわくさせながらわが家に帰ってきた。前述のように，『Mental Philosophy』は1869年にジョセフ・ヘヴンの著した書物であり，『奚般氏著 心理学』は1875（明治8）年に西周がこの『Mental Philosophy』を翻訳し，わが国最初の心理学書として出版したものである。し

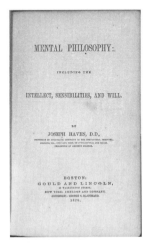

『Mental Philosophy』

『奚般氏著 心理学』

かし残念ながら、この古本屋で購入した『奚般氏著 心理学』は初版ではなく1882（明治15）年9月に翻刻されたものである。

『奚般氏著 心理学』の原本である『Mental Philosophy』の表紙の裏には写真にあるようなサインがみられた。購入した当初は気づかなかったが、よくみてみるとR.Yatabeとある。その後このサインが頭から離れず、ずっと気になっていたが数年経ったあるとき、平凡社刊別冊太陽『近代詩人百人』の中にその名前を見つけた。矢田部良吉（1851-1899）である。矢田部良吉は1871年にアメリカに渡り、ニューヨーク州イサカに住んだ。コーネル大学で植物学を学んだ後帰国し、1877（明治10）年東京大学初代植物学教授となった。このサインの中にあるIthacaはイサカのことであろう。1882（明治15）年に外山正一、井上哲次郎とともに『新体詩抄』を上梓している。

最も因縁を感じるのは、心理学者でYG性格検査（矢田部・ギルフォード性格検査）などでよく知られている矢田部達郎（1893-1958）が矢田部良吉の四男に当たるということである。

『Mental Philosophy』表紙裏のサイン

2講 スポーツ心理学の研究法

　研究の語義は,「研ぎ澄まし究める」ことといわれ,未知のまたは既知のものごとについて,実験,調査,文献・資料・史料の検索・精読などの客観的手法によって得られた結果をより深く考察して結論を導くことである。研究で明らかになったことは,何らかのかたちで公にすることが義務づけられており,たとえば活字にして公表したものが論文である。

　本書で述べられているそれぞれの理論や事柄もすべて過去の研究によって明らかにされたものである。これらの理論を応用して実践し,現場で役に立たせることが研究を行う上での大きな目標である。学生においても,卒業研究あるいは卒業論文の執筆をすることになろうが,これまで学んできたことを研究としてまとめて公表し,現場の役に立てることを最終的な目標とされたい。

1節　スポーツ心理学の研究領域

　スポーツ心理学は,文字どおり「スポーツ科学（体育科学）」と「心理学」の2領域にまたがる複合的な領域である。近年,スポーツ（特にsportと表記されるもの）はmovement, activity, lifeなどと同義としてとらえられることもあり,また,健康へのアプローチやライフスキル[1]向上の手段としても期待されていることから,スポーツ心理学の研究も多岐にわたるようになってきている。基本的には,身体運動または身体活動にともなう心理的な事象に関する領域と解釈できるであろう。

---

1)　ライフスキルとは「日常の様々な問題や要求に対し,より建設的かつ効果的に対処するために必要な能力」と定義されている（世界保健機関：WHOによる）。

2節　研究の進め方

　研究は一般的に，⓪テーマの決定の後，①問題および目的の明確化，②客観的手法（方法）の選定，③データ・資料の収集とデータの処理，④結果の考察，⑤結論の提示（まとめ），という順番で進む。ここで出された結論が現場に応用されていくことを理想とし，同時に次の問題が明確になる。つまり，⓪→①→②→③→④→⑤→①→②……というように研究は続いていき「研ぎ澄まし究める」ようになっていく（図2−1）。

　以下に研究過程についての概要を述べる。

⓪テーマの決定

　この部分は，学生や初学者の入り口である。テーマはおおむね本人の興味によって決定されているものであり，学生の場合，自身の問題をテーマに設定しようとするケースが多い。そのときには書籍・論文雑誌等の文献を読むことで目前の問題はしばしば解決されるが，より具体的に調べることによってテーマとして設定することができる。まずは，ある事柄に興味をもったならば関連する文献をあたり，自身の興味や問題に当てはめながら読み進め理解することをこころがけるとよい。

①問題および目的の明確化

　設定したテーマをより具体的にして明確な目的を提示する段階であり，「○○について明らかにする」「○○を明らかにする」というように明示できることが必要である。この段階でも先行研究（自分が行おうとすることと同じような研究で先に発表されたもの）を調べて先人の取り組みを参考にしたり，またそこでの結論をふまえた上で仮説を立てたり，まだ検討されていない事柄などを取り上げたりして新しい事実を発見するための独創性のある目的を立てる。

②客観的手法（方法）の選定

　現在のスポーツ心理学領域での研究データの主な採取方法は，質問紙による調査および実験である。データ提供に協力する人たちのことを調査の場合には調査対象者，実験の場合には実験参加者といい，最近では被験者とは呼称しない。この背景には調査や実験の前に研究の目的や内容，これから実際に行う回

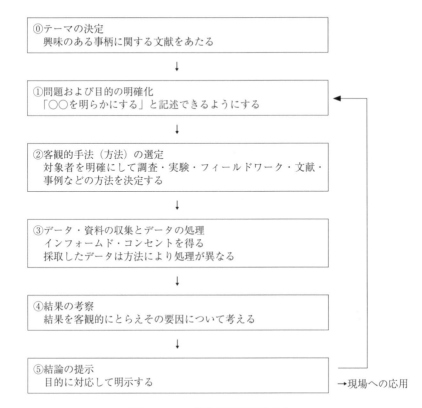

図2-1　一般的な研究の進め方

答や課題を理解してもらいデータを提供するにあたり何ら不利益を得ないことを確認した上で自発的に参加してもらうという意図がある。

　調査研究では，質問紙として心理検査などの既存のものを使用すること，自らが質問を考えて作成したものを用いること，またその両方を用いることがある。自作の質問紙は事前に予備調査をして，わかりにくい表現や意図されない回答が出現していないか確認し，もし出現していれば質問内容や表現について吟味・推敲する必要がある。また，質問紙はできるかぎり枚数が少なくなるように内容を精査する。

　実験をする際には必ず予備実験を行い，実験の手順や費やす時間，実験参加者の負担などを把握して実験遂行に対しての不具合を訂正することが必要であ

る。実験中は実験参加者が苦痛を感じないことが最も重要であり，時間的な拘束も可能なかぎり短くして負担のないようにする工夫が必要である。

　他の方法としては，現地に赴きデータを採取する現場研究（フィールドワーク）がある。この方法はもともと民俗学の領域で実践されてきたもので，本来は現地に長期間滞在し生活や活動を直接観察する方法である。スポーツ心理学領域では，グラウンドや体育館などのフィールドにおいて選手やコーチの行動・発言の観察，あるいは実験（現場実験という）などを行うこともしばしばあり，これらを総称してフィールドワークと呼ぶことがある。また，あまり目にすることはないが多くの史料や文献を読み，新しい視点を見つけるという文献研究がある。さらに，少数の事例（ケース）を対象とする事例研究がある。事例は実験などによって積極的にデータを採取するものと，カウンセリングなどを通して対象者の変容・自己成長などを追っていくものがある。事例研究は医学の分野では症例研究といわれることがあるが，スポーツ心理学（スポーツ科学）の領域では事例研究と呼ぶほうが好ましい。

③データ・資料の収集とデータの処理

　予備調査・予備実験を行って内容を精査し不具合をなくしてから実際にデータを収集することになる。調査対象者，実験参加者に研究の内容を理解してもらい，プライバシーは守られることを約束した上で研究協力を承諾（インフォームド・コンセント）された場合にのみ実施する。調査は基本的に無記名として，協力しなくても不利益を得ないことを伝えるか質問紙に明記する（図2-2）。実験を行うときには，自由に中止することができることを伝える。そして，所属機関の倫理審査をへた上で，承諾書を作成し，参加者にサインをもらうことが一般的となっている（図2-3）。

　適正な手続きによって得られたデータは，それぞれの方法によって異なる処理がなされる。調査・実験の場合の数量化したデータについては統計処理を行うことが通例である。フィールドワークの場合には現場で見聞きしたことについてのメモや記録の集積（フィールドノートという）が，文献研究では著作や論文，資料や史料がいわばデータにあたる。カウンセリングなどを通じて行う事例研究では一般的に記録された相談内容の逐語がまとめられてデータとなる（逐語録という）。数量化できないデータについては得られた記述を客観的な視

調査協力のお願い

<所属　研究代表者氏名>

　この調査は，<研究テーマかタイトルを明記>をテーマにした研究のために，<調査内容について明記>についてお伺いするものです。
　本研究に参加されるかどうかはあなたの自由であり，参加しないからといっても不利益を被ることはありません。本調査を通じて得られた情報は本研究以外の目的では用いません。本研究は，<公表する場>にて発表をする予定ですが，データは統計処理を行うことを前提としており，個人を特定できません。もし事例的に分析し発表する場合でも個人を特定できないように伏字を用い，また，分析後は本調査用紙をシュレッダー処理し，個人情報の取り扱いには十分配慮することを誓います。
　以上に同意していただけるならば，以下の質問について回答いただきますようお願い申し上げます。
　また<実施した心理検査名>についてご自身の結果をお知りになりたければ<研究代表者の所属する研究室>までご連絡ください（心理検査をしない場合にはこの部分は不要）。

　質問用紙は全部で○枚あります。すべての回答を終えるのに概ね○○分かかります。
　よろしくお願いいたします。

図2-2　調査研究でのお願い文の一例

実験協力承諾書（実験参加者用）

　平成　　年　　月　　日に行われる，<研究代表者氏名>を責任者とする実験について，下記の事柄について十分な説明を受け理解しましたので，実験に協力します。また，個人情報の保護を条件に，実験結果を論文等の形で公表することを承諾します。

　　　　　年　　　　月　　　　日
実験協力者（自筆）

_____

記

1.研究の概要について。
2.実験の内容について。
3.実験は協力者の意思により途中で中断することができることについて。
4.個人情報と実験後のデータとり扱いについて。
・収録したデータは本研究に直接かかわる目的以外には使用しないということ。
・いかなるばあいにも協力者の個人情報が外部に出ることはないということ。
・研究成果を学会発表あるいは論文としてまとめるばあいには，協力者名および関連する事項はすべて匿名（記号表記）とするということについて。

以上

図2-3　実験協力承諾書の一例

点で読み込み処理が進められる．

④結果の考察

　各々の手法によって出された結果を客観的事実としてとらえ，なぜそのような結果になったのかについて考えて記述する．事前に立てていた仮説を支持することができる結果なのか否か，その要因について理論立てて説明していく．また，事例研究や仮説を立てていない探索的な研究であった場合にも，全体の傾向について概観しその要因について理論立ててまとめる．

　ここでは，意図的・無意図的にかかわらず先入観をもって結果を確認することが多くなるため，客観的な視点で考察する必要がある．主観的になることを避けるため，複数人で結果についての議論をしながらまとめることもよい方法といえる．

⑤結論の提示（まとめ）

　行ってきた研究で明らかになったことを明示する．結論は基本的に目的での「○○について明らかにする」に対応することを記述する．学術雑誌では，考察の中において文脈から結論を理解できることも多く，取り立てて明記されていないこともあるが，卒業研究や卒業論文では自らが行ってきた証として明示するほうがよい．

3節　データの採取・分析と統計処理

　スポーツ心理学領域では主に調査・実験が用いられ最終的に統計分析を行うことが一般的であると先述したが，データ収集の際に用いた尺度によってその後の分析内容も変わるため，どのような尺度を選択するのかが重要になる．

1　尺度の種類

　データは，不連続な変化をする性質をもつ定性的なもの（離散データ）と，連続的に数値が変化する定量的なもの（連続データ）に大別される．定性的なものには，名義尺度，順位尺度（順序尺度ともいう）があり，定量的なものには，間隔尺度（距離尺度ともいう），比率尺度（比例尺度ともいう）がある（表2－1）．

(1) 名義尺度

数値ではなく性質や属性で，具体的な分類名（カテゴリー）を値とする尺度であり，間隔の概念も大小・後先の概念もない。具体的な例としては，男・女，内向性・外向性，右側・中央・左側など対象者の対立する反応や特徴，快・不快，賛成・反対，出身地，経験あり・経験なしなど複数選択肢のある質問回答結果などである。また，一般に「あり」を1，「なし」を0とコード化することが多いため，1・0（いち・ぜろ）データと呼ばれることがある。

(2) 順位尺度

個々の値の間に等間隔性が保障されておらず，値の大小，前後（後先）を問題にする。たとえば，1位と2位の差は僅差，2位と3位は大差の場合でも，順位に関しては1の次は2，2の次は3という値をとる。データは，"位"の単位がつけられるものでL・M・Sなどの大きさ，優・良・可などの成績，よい・普通・悪いなどの段階的な評定点やレベルなどである。なお，後述するように評定点については研究者の判断で間隔尺度とみなして処理されることもある。

(3) 間隔尺度・比率尺度

間隔尺度は，個々の値の間に等間隔が保障されている尺度であり，比率尺度はそれに加えゼロを起点とすることができる尺度である。たとえば，温度の変化についてみてみると，−1℃から0℃へ，そして+1℃へ上昇した場合，0℃は温度がなくなるわけではなく，その前後はそれぞれ等間隔で変化しているため，間隔尺度である。身長や体重を計測する場合には，ゼロを起点として測定

表2−1 尺度の種類と特徴

変数	尺度	目的	特徴	例
定性的 （離散データ）	名義尺度	命名・符号化	$A=B$，または$A \neq B$の決定	性別（男・女）
	順位尺度	順位づけ	$A>B$，$A=B$，$A<B$の決定	成績（優・良・可）
定量的 （連続データ）	間隔尺度	等間隔な目盛りづけ （起点は任意）	$(A+B)-(B+C)$ $=(A-C)$の成立	温度，テストの標準得点
	比率尺度	起点からの等間隔の目盛りづけ	$A=kB$，$B=lC$，$A=klC$が決定	時間，身長，体重

をしており，0cmの2倍は0cmという比例関係が成立するため，比例尺度である。いずれにせよどちらの尺度であっても用いる統計手法は同じであり，具体例としては，時間，距離，速度などの特定単位をもつ物理的尺度，正答数・誤答数，試行回数，反応回数などのカウントした値，正答率・誤答率，再生率，発生率などのパーセンテージなどである。

2　みなし尺度について

　知能指数，テスト得点，理解度など得点化された値は，厳密にいうと等間隔ではないが間隔尺度とみなして処理されることが多い。さらに，段階評定尺度得点（図2－4，図2－5）も本来ならば順位尺度であるが，間隔尺度とみなして処理されることが多い。この理由としては，間隔尺度が処理方法の数および質の面で優れており，より情報量が多くなり詳細に結果を解釈することができるという利点があるためである。順位尺度を間隔尺度とみなすためには，心理的に等間隔な選択肢を目指して尺度を作成すること，本来は順位尺度であるという大前提のもとで議論をすることが重要である。

　心理的に等間隔を保証するであろうものとして用いられるものに，VAS（Visual Analog Scale：視覚的評価スケール）がある（図2－6）。これは，もともと医学領域で痛みを測るために開発された尺度であり，それが心理学領域で応用されている。たとえば，左端を0（まったく痛みはない），右端を100（これ以上ないくらいの痛み）として10cm（100mm）の線を用意し，実験参加者（対象者）がその線上に直感的に短い斜め線を引いていくことで，その度合いを評価するものである。引かれた短い斜め線までの長さをmmの単位で測定し量的データとして処理していく。

3　統計の基本的な考え方

　統計の詳細な方法や具体的な計算については他書にゆずるが，ここでは初学者が知っておくべき至極基本的なことについて述べる。

　統計には記述統計と推測統計があり，一般的には記述統計は推測統計を前提にしている。

　記述統計は，採取したデータの集団的傾向を把握しやすいように要約したも

図2−4　形容詞対5段階評定尺度の例

この方法は印象について質問をするときによく用いられており，上記の「スポーツ」のように単語のみが記入される

図2−5　4段階評定の例

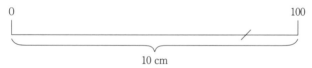

図2−6　VAS（視覚的評価スケール）

のであり，特徴やばらつきを記述することを目的としている（表2−2）。特にその集団の中心的な特徴や傾向を示す値を代表値という。名義尺度では度数，最頻値，順位尺度ではそれらに加え中央値，間隔・比率尺度ではそれらに加え平均値が代表値になりうる。間隔・比率尺度において，代表値としての平均値と同様に重要なものに標準偏差がある。全体の分布が平均値を中心に左右対称の釣鐘型をした正規分布であった場合，平均±標準偏差の値の範囲に全データの68.3％がおさまる。たとえば，仮に100名の身長を測定したとして平均値が170cm，標準偏差が5cmの正規分布であったとすると，165cmから175cmの間にその集団のおよそ68名がいるということになる。

　データの集団のみについて述べる記述統計に対し，採取したデータはもっと大きな母集団から抽出した部分的集団のデータであるとして，データの傾向が

一般的にも当てはまるか否か推測していくものが推測統計である。研究場面で単に「統計」といった場合には推測統計を意味し、有意差検定のことを指していることが多い。

4 有意差検定と帰無仮説

ふつう、研究仮説は条件間の代表値に差があることを予測する。たとえば、体育学部の学生とそうでない学部の学生の体力には差があるという研究仮説のもとで体力測定データの平均を比較して両者の間に差があると予測する。実際に平均値を比較した結果、その差が大きいと認めることができなかったならば偶然によってたまたま生じたデータのユレである可能性が高く、両者の間には本当に差があるということはできない。このように現れてきた差が偶然によって生じる程度の小さなものならばその差には意味がないとする。しかしここでの差が、偶然に生じるよりも大きな差であったならばその差には意味があると解釈し、「有意差がある」と表現する。これらのように、現れてきた差が偶然出てきた差なのか否かの判定のことを有意差検定という。

有意差検定は複数の代表値間に有意差があることを前提にしているのではなく、「差がない」「偶然出てきた差である」「実は同じこと（もの）」などという仮説を立てることから始まる。この仮説のことを、無に帰すること（差のないこと）を期待して立てる仮説であるため帰無仮説という。検定の結果、帰無仮

表2-2 記述統計の一例

基本統計量	内容
度数	（条件ごとの）データ数
平均値	データ（値）の合計をデータ数で割ったもの
中央値	データを小さい順に並べたときの真ん中の値
最大値	データの中で最も大きい値
最小値	データの中で最も小さい値
最頻値	最も頻繁に出現する値
偏差	測定値と平均の差
分散	偏差の自乗（2乗）の合計をデータ数で割ったもの
標準偏差	ばらつきの指標でありデータと同じ単位であるため分散より用いられている

説のもとでは起こりうる確率がきわめて小さいときにこの帰無仮説は棄却され，偶然出現した差ではない有意差があると認めることになるため，対立する仮説（対立仮説）すなわち研究仮説を支持することになる。つまり有意差検定は背理法によってなされているものである。帰無仮説を棄却する確率の基準を有意水準といい，スポーツ科学領域や心理学領域では，5％未満に設定される。有意水準は，帰無仮説が正しい場合にも誤って棄却する確率であるため，危険率という。

4節　実験

　一般的に実験という場合，実験室で行う実験室実験を指すことが多い。実験参加者を実験室に呼び，統制された環境で実験を行うことが基本である。

　実験は，実験者により人為的に条件が設定され，条件と行動の関係について検討される。実験の目的によって測定の条件は複数設けられたりして操作される。この操作される変数を独立変数，それにともなって変化する変数を従属変数という。実験結果を図で示した場合，独立変数は横軸（x軸），従属変数は縦軸（y軸）にとる（図2－7）。たとえば，呼吸法によるリラクセーションの効果について明らかにするための実験を行うとする。このときいくつかの呼

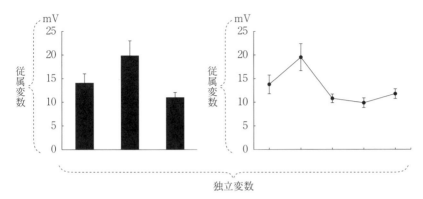

図2－7　図で示される独立変数と従属変数
左側が条件別にある指標を比べたものを棒グラフで表現したもの。右側は時間経過とともに変化するある指標を折れ線グラフで表現したもの。

吸法を設定して，リラクセーションの効果を測るための連続データが測定できる指標を採択することになるが，ここでは，独立変数は呼吸法，従属変数はリラクセーション効果の数値となる。

なお，先述したフィールドワークにて実験を行う現場実験は本来，実験参加者の日常の活動を実験状況に仕立て，実験をしていることを意識しないで行えることを目指しているものである。厳密な実験統制を求めるような心理学の分野では，条件を整えることや従属変数の測定が難しいこと，またプライバシーの侵害の問題などから，実施自体が困難であるといわれるようになった。しかしスポーツ心理学領域では，選手・監督・コーチなどが抱える「現場で発生している問題」と研究者が研究によって明らかにした「研究室での見解」の溝を埋めるための一方法として期待がかかるところである。

5節　質的研究

これまでは平均や中央値，度数などを統計的に分析する量的研究（定量的研究）を中心に述べてきた。それに対してインタビューや逐語などをデータとして分析するものは質的研究（定性的研究）といわれる。

もともと質的研究は「量的な研究への過度の傾倒への反省から生まれた手法」とされ，「量的な研究ではみえないものをみようとする」ことを期待されている。また，事例研究はほとんどが質的研究であるといえ，特に大事なこととしては，現場や当事者などに可能なかぎり寄り添っていくことで思い込みや固定観念によるものではない視点に気づくことである。

質的研究における分析方法として古くから知られているものに，KJ法がある。KJ法は川喜田二郎により考案され，考案者のイニシャルがその名前となった。KJ法では，収集した雑多な情報からそれぞれのキーワードを1枚ずつカード（紙）に書き込み，それらのカードで類似したものや関係のありそうなカードを集め数枚ずつの小グループから中グループ，大グループへとグルーピングをして図解，文章化することで新たな発想を得ようとする方法である。

また，主としてインタビューや内省報告等の発話データから対象者の内的な認知過程を分析するプロトコル分析がある。問題解決の際に，何を考えている

のか，頭の中に何が浮かんだのかなどを語ってもらい，認知的な過程を明らかにしようとする手法である。

　最近では，TEM（複線径路・等至性モデル）が注目されている。人生において人の歩む道や人の選択は多様かつ複線的であるということから，時間の流れの中で「分岐点」と「等至点」を設定したモデルである。「分岐点」は，人生の経路・選択が分岐する際のポイントであり，人の行動や経験が変容したポイントとみなせる。また，多様化する人生の経路・選択もいずれ個々人が等しく到達するポイントがあるとして，その収束するポイントを「等至点」として概念化されている。

　質的データの分析を行うためには，相応のトレーニングが必要であり，単独で行うべきではなく，複数人でブレーンストーミングなどを行いながらまとめなければならない。質的研究は，量的研究の不足しているところを補うことができると期待されているが，その方法論が認められにくいというもどかしさも残っている。

●参考文献
　エマーソン，R. M., フレッツ，R. I. & ショウ，L. L.（著）佐藤郁哉・山田富秋・好井裕明（訳）『方法としてのフィールドノート——現地取材から物語作成まで』新曜社　1998
　田中敏・山際勇一郎（著）『新訂 ユーザーのための教育・心理統計と実験計画法』教育出版　1992
　小牧純爾（著）『心理学実験の理論と計画』ナカニシヤ出版　2000
　能智正博（著）『臨床心理学をまなぶ6　質的研究法』東京大学出版会　2011
　川喜田二郎（著）『発想法——創造性開発のために』中公新書　1967
　川喜田二郎（著）『続・発想法』中公新書　1970

トピックス2

よく用いられる生理指標の特徴

　実験室実験で生理指標を測定する場合がある。ここでは，よく用いられるいくつかの生理指標の特徴について紹介する。

脳　波

　脳波は数十μVの微弱な電位の波（単3乾電池＝1.5V=1500000μV）でその周波数（1秒間に出現する波の数：Hz）によってそれぞれ名前がついている。4Hz以下のδ（デルタ）波，4Hz以上8Hz未満のθ（シータ）波，8Hz以上13Hz以下のα（アルファ）波，それ以上のβ（ベータ）波の四つの帯域に分類される。一般的にδ波とθ波は意識水準が低下しているときに（眠気があるとき），α波は閉眼安静時など精神的に落ち着いた覚醒時に，β波は考えごとをしたときや精神的に興奮したときに出現するとされる。

心　拍

　心臓を挟んでその電位差を測定する。一般的には右足をプラス極，左手をマイナス極として電極を貼って誘導する。心電図の波形にはP波，Q波，R波，S波，T波が観察される。心拍数といった場合には1分間に出現するR波の数のことをいう。

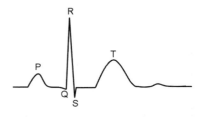

一般的な心電図波形

脈波（容積脈波）

　指先もしくは耳朶よりトランスジューサ（変換器）によって導出される。血流量の変動を観察するものであり，大きな波と2こぶの小さな波が合わさって出現する。心理的に変化があった場合には基線の動揺がみられることがある。また，測定しているものは「脈」であるため，大きな波形の数を1分間数えると心拍数と同数になる。

一般的な脈波（左）と基線が動揺した脈波（右）

呼　吸

　温度センサーを鼻孔と上唇の間に装着して呼気・吸気を測定する方法と，呼吸にともなう胸部および腹部の動きを記録する方法により測定される。後者は特に呼吸運動と呼ばれている。安静時呼吸数は，成人でおおむね15～20回/分とされている。最近では，閉眼安静時における呼吸運動での胸部の変化は2～4mm程度，腹部では7～9mm程度であることが明らかになっている。

眼球運動

　眼球はそれ自体に，角膜側がプラス，網膜側がマイナスの電位差が存在しており，電極を左右のこめかみあたりに置くと水平方向の眼球運動が，一方の眼の上下に置くと垂直方向の眼球運動が記録される。この記録方法は，閉眼中や睡眠中でも測定が可能であり，睡眠の研究等でよく用いられている。

3講 スポーツと発達

　子どもから大人まですべての人が「スポーツ権」をもっている。すべての人が運動やスポーツの主人公になり，生涯にわたってスポーツに親しむためには，乳幼児から中高年者にいたる生涯発達の視点から学びを深め，スポーツのあり方，かかわり方に見通しをもつことが必要である。

1節　遺伝と環境

1　生得説（遺伝的要因）

　子どもの顔や声が親に似ているということは，昔からよくいわれることである。この事実は遺伝子によって支えられていることが，これまでの研究で明らかにされている。子どもは，その親の遺伝子を継承しているために，発達をしていく過程の中で機能，能力，形態，思考などが似たかたちで出現するとされている。

　また，双生児の研究をみてみると，二卵性双生児より一卵性双生児のほうが，全般的にやや高い類似性をもっていると考えられている。遺伝的要因のはたらきを説明する上では，環境の影響を受けながら漸成的に形成されるのではなく，生まれつき内在する遺伝的なものが自律的に発現したものとする考え方が生得説である。

2　経験説（環境的要因）

　経験説は，遺伝ではなく環境の力が個体の発達に決定的な影響を与えるとする考え方である。たとえば一卵性双生児が違う学校に通った場合，友達，先生，物理的環境などの違いにより同じ学校に通った一卵性双生児と比べて両者の類似度は低くなるといわれている。同じ遺伝子をもちあわせ，同じ家で育っていたとしても，異なった環境での経験を有することが，個体の発達に差異を生み

出すのである。このように，人は環境という支配下の中で育まれていくとする立場が経験説である。

3 輻輳説

これまでの遺伝と環境は一方だけの要因で説明がなされていたが，共に統合的に関与しているというのが輻輳説である。つまり，機能，能力，形態，思考といった，それぞれの形質によって影響の受け方が異なることを示している。発達は，たんに個人の遺伝的・内的性質が漸次的に発現したものでもなければ，環境的・外的影響を受動的に受け入れた結果でもなく，両要因はつねに統合的に機能しているとする考え方が輻輳説である。シュテルン，ルクセンブルガーは，遺伝と環境が加算的に作用して発達を規定するという考え方を説いている（図3－1）。

図3-1　ルクセンブルガーの図式
（『新 発達と教育の心理学』福村出版 2013）

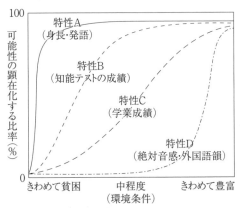

図3-2　ジェンセンの環境閾値説
（『新 発達と教育の心理学』福村出版 2013）

4 相互作用説

相互作用説とは，遺伝と環境の相互が複雑に絡み合って発達に寄与するとの考え方である。ジェンセンの環境閾値説では，遺伝的にもっている特性が現れるには環境条件が必要であり，環境条件が一定の水準以上に整えば遺伝的特性が現れるとされる（図3-2）。このような考え方は今日の主流となっており，遺伝と環境が単純に加算的ではなく，相乗的に作用し合って発達すると考えられている。

2節　発達

1　発達の概念

発達とは，受精から死に至るまでの心身の形態・構造に関する質的・量的な変化を指している。この発達をとらえるときの基礎となる学問が発達心理学と呼ばれるものである。これまでの発達心理学では年齢を中心に上昇過程をとらえるものが多く研究されてきた。しかし，昨今では，生涯発達心理学と呼ばれるようになり，いわゆる老いにも着目がなされ上昇過程から下降過程を含んだ一生涯の変化が対象となってきた。また歴史，文化，社会の影響を強調するようになってきており，それらを背景とした生活の中で起きるできごとが，我々の発達を育んでいるのである。

2　発達理論
（1）ピアジェ

ピアジェの研究は，個体—個人の発生・発達を土台として，教育学や発達心理学の分野との関連づけを行う，いわば科学的認識論を軸に展開がなされてきた。ピアジェは，その認識論を「発生的認識論」と呼び，発達の構造の変化過程とみなし生涯を通して体系化を試みたのである。たとえば，乳児が自己意識をもつ，外界を認識するようになるということは，自己と外界の境界が曖昧な状態から，はっきりとした状態へ移行することを挙げている。そしてピアジェは，発達段階を感覚運動期（2歳頃まで），前操作期（7歳頃まで），具体的操作期（12歳頃まで），形式的操作期（12歳以降）の4期に大別した（表3-1）。

表3-1 ピアジェの発達段階

感覚運動期 (誕生～2歳)	感覚と運動を使いながら外の世界を知っていく。2歳ごろには，物や人が，目の前から見えなくなっても，どこかに存在し続けることがわかってくる（物の永続性の獲得）。
前操作期 (2歳～6,7歳)	事物を実際に動かさなくても考えることができる。言語やイメージを用いた象徴的な思考ができるが，まだ非論理的である。他人が自分と違う見方・考え方をしているということがわからないという自己中心性がある。
具体的操作期 (6,7歳～11,12歳)	具体的なことなら一応論理的に考えることができる。しかし抽象的，一般的な思考はまだできない。保存の概念が成立する。
形式的操作期 (11,12歳～)	抽象的，一般的な思考ができる。具体物がなくとも，ことばだけで考えることができる。仮説をたてた考え方，科学的・実験的思考も可能になる。

(『新 発達と教育の心理学』福村出版 2013)

表3-2 エリクソンのライフサイクル論

発達段階	心理・社会的 発達課題 （危機と徳）	発達課題の内容と意味
乳児期 (0～2歳)	基本的信頼 対 基本的不信 『希望』	世のなかや人間に対する基本的信頼感を得るか，不信感かという危機。自分に価値があり，世の中は居心地がよいと感じる。
幼児期初期 (2～4歳)	自律性 対 恥・疑惑 『意志』	トイレットトレーニングなどを中心に，自律性・自己統制を獲得するか，失敗して恥や自己への疑惑をもつ。
遊戯期 (4～6歳)	積極性 対 罪悪感 『目的』	おとなになるため，新しく獲得した能力を積極的に試して積極性を獲得するか，制止されて罪悪感をもつ。
学童期 (6～12歳)	勤勉性 対 劣等感 『適格』	勤勉に努力して現実的なものごとができるようになるか，他人と比較して劣等感をもつ。
青年期 (12～20歳)	自我同一性 対 自我同一性拡散 『忠誠』	今までの自分をふりかえり，本当の自分という実感をもつか，自分がわからなくなり不安定で混乱した状態になる。
前成人期 (20～30歳)	親密 対 孤立 『愛』	周囲や特定のパートナーとの親密な関係を築くことができるか，獲得できず孤独感が育つか。
成人期 (35～65歳)	生殖性 対 停滞 『世話』	次世代の人間を育てることにより，限定した自己を超えられるか，次世代への伝達を拒否して停滞するか。
老年期 (65歳～)	統合性 対 絶望・嫌悪 『知恵』	自分の人生をふりかえり，自分の人生を受け入れられるか，受け入れられず絶望感に陥るか。

(『新 発達と教育の心理学』福村出版 2013)

(2) エリクソン

フロイトの精神分析学を学び、独自に「心理・社会的発達論」を提唱した。これは「人間は生まれてから死ぬまで、生涯にわたって発達する」という考えをもとに、人間の一生（ライフサイクル）を8期に大別したものである（表3－2）。

エリクソンは、ポジティブな側面とネガティブな側面の両方の間で葛藤が起こり、その中でネガティブな側面を克服して、ポジティブな側面を身につけていくことで次の段階に進めるとしている。しかし、ポジティブな側面を身につけることができなかったとしても、後に獲得することもできるため柔軟な発達理論といえる。

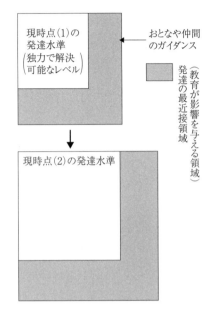

図3－3　発達の最近接領域
（『発達と学習』福村出版 1990）

(3) ヴィゴツキー

子どもの発達には、独力でやり遂げることのできる発達水準と、おとなや仲間が、教示、誘導質問、解答のヒントなどを与えることを通じて、協同で達成できる潜在的発達可能水準があり、その水準の差が発達の最近接領域と呼ばれ、適切な足場かけを得ることで発達するという理論を提唱した（図3－3）。子どもの発達を育むためには、個人の発達水準よりも少し高いレベルの課題を支援や援助によって進めていくことで、個人で解決していくよりも学びの可能性を高めることにつながるのである。

3節　身体と運動の発達

1　身体と理論

動物にない言語をもつ人間は、多種多様な文化を創造し、新しい文化を創造

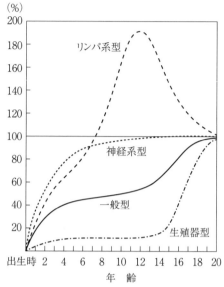

図3-4 スキャモンの臓器別発育曲線
(ハリスほか, 1930より)

し続けている。これらの文化創造を支えているものが、身体と運動機能である。

身体の成長や発達は連続的に進行しているが、一定の速度で進むのではなく急激な時期とゆるやかな時期があり、臓器によって異なっている。たとえば免疫機構としてはたらくリンパ系組織は、学童期に大きく思春期頃より縮小する。また生殖器は思春期以降急激に発育する。このように時期は各器官やシステムによって異なっていて、それらの代表的なものがスキャモンの臓器別発育曲線としてまとめられている（図3-4）。

また、人間は生後1年間の急激な発達によって歩行や言葉の使用などが可能になる。この意味で生後1年頃の人間は、やっと類人猿の誕生時なみになったといえる。このような状況をポルトマンは、人間の赤ん坊の誕生は生理的早産であり生後の1年間は胎外胎児であるとしている。

2 身体と運動発達
(1) 胎児期

身体的諸器官が発達し，分化し成熟する発達速度が最も速いときで，通常受精後270日前後のとき新生児は身長約50 cm，体重約3000 gで受精卵のときから約200万倍の成長ぶりになる。胎児は母体の中で種々な能力を備え，外界からの刺激に反応して出生後の環境へ適応する準備をしている。

運動発達では，臓器の原型が形成される時期にはうごめくような動きとされる蠕動(ぜんどう)運動が認められる。9週目以降は特定な部位だけでなく頭部，軀幹(くかん)部，上下肢の屈曲・伸展や回旋などが連続して起こる集合運動がみられる。その後，胎児は身体の体位や姿勢などを調整する連合運動や，指しゃぶりや手指の細かい運動を示すようになる。12週目頃になると原始歩行様の下肢の屈曲が起こり，全身運動が活発になる。16週目頃では運動反射がほぼ完成する。身体が大きくなるので全身運動よりも協調運動が主になる。

(2) 乳児期

この時期の身体発達は急速で，1年で身長は約1.5倍，体重は約3倍となる。体重の増大は脳の重量，内臓諸器官など生命維持の機能をつかさどる部分の増加を反映している。脳組織の発達は，神経組織の随鞘化を進め，反射のような不随意運動が消失し，自分の意図どおりに身体を動かす随意運動が円滑になる。このような変化が生じるのは，環境と自分との間に相互交渉をもつことができるようになりはじめたことを意味している。

この時期から姿勢コントロールの獲得を土台に，自己の身体を環境中の対象物に近づけたり遠ざけたりする移動運動と，身体で直接・間接的に対象物にはたらきかける操作運動といった二つの運動発達が乳児の事物に対する操作や探索活動の発達を促進する。こうして運動能力の発達と認知能力の発達は相互に影響し合いながら進行していく。

身体・運動の発達は，頭部から尾部（脚部）へ，中心部から遠心（末梢）部へ，大きい筋肉から小さい筋肉へと移行していくことが明らかにされている。

(3) 幼児期

胎児から乳児にかけての時期と比べると発育量は漸減しているものの，依然として幼児期の発育は急速である。5歳児の身長は誕生時の約2倍，体重は6倍ほどになる。男子に比べて女子のほうが，早熟傾向がみられ年齢とともに性差が拡大していく。からだの大きい子がリーダー的な存在になるなど，体力の

個人差が社会的な意味をもつようになる時期である。神経機能に関しては5歳児の時点で脳重量が85％以上を示すことから，中枢神経の構造的組織はかなりできあがっていると考えられる。幼児期は走・投・跳をはじめとする基礎的運動パターンの獲得を行う時期である。基礎的運動パターンの動作は身体の各部位を協応させて行う協応動作であり，その動きの形成には身体各部位の協応をつくりだす中枢神経との関連が重要である。また，この時期はガラヒュー（1999）の運動発達段階にもとづくと「基礎的な運動の段階」である（図3－5）。

(4) 児童期

児童期中期から青年期にかけて身長発育の加速がみられる。女子は8歳頃から成長ホルモン（下垂体ホルモンの一つ）の分泌が旺盛になりはじめ，10〜12歳では男子よりも発育が大きい。また，情報処理能力をつかさどる大脳皮

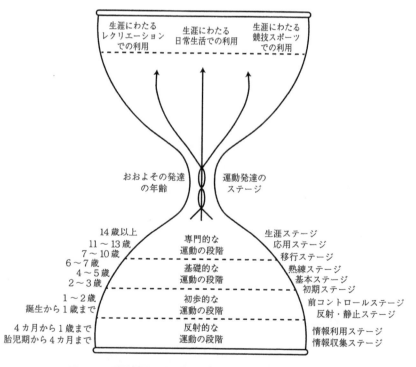

図3－5 運動発達の段階とステージ（ガラヒュー，1999）
（『幼少年期の体育』大修館書店 1999）

質を中心とする中枢神経系の機能の発達が著しい時期である。それにともない，児童期では感覚を手がかりとして目的に合うように身体の運動をコントロールする能力が急激に発達する。幼児期から獲得されてきた基礎的運動パターンが洗練され，さまざまな運動技能へ組み換え・変換されやすい。特に9〜12歳の時期は，ゴールデンエイジと呼ばれ新しい運動技能を即座に習得することができる。運動技能は学習や練習をすることによって発達していく。そのため，この時期にどのような学習や練習をする機会にめぐりあえるかが，運動技能の個人差に大きな影響を与えることになる。

(5) 青年期（前半：12, 13〜25歳）

青年期前半の身体発達は，児童期にひきつづき第1次発育急進期から第2次発育急進期開始へ発育経過をたどる時期である。第2次発育急進期への移行は，女子のほうが男子よりも早く起きることは周知の事実である。男子では15歳で出生時身長の3倍に達するが，女子の場合は14歳ですでに3倍の身長になる。発育速度のピークは一般に女子が男子よりも約2年先行するが，ピーク年齢における発育速度は男子のほうが高く，烈しいスピードで女子の身体計測値を追いこすことになる。女子では16歳，男子では18歳くらいまで身長の発育がみられる。第2次発育急進期は性差ばかりでなく，個人差が大きい時期である。また，神経系に関しては16歳頃までは大脳の形態的発達が続き刺激事態への反応時間の短縮が顕著である。運動を実行するために必要なエネルギーを生産するために必要な筋肉，心肺系呼吸循環器系などの末梢神経の機能の急速な発達がみられる。

(6) 青年期（後半：25〜60歳）

身長，体重とも50歳代に入ってから減少しはじめる。また，肺活量や最大酸素摂取量は20代中頃で最大になり，以降は直線的に減少する。30代前半までは体力や運動能力はほぼピークを維持していく。成人中期とも呼ばれる36〜45歳は，体力や運動技能が低下しはじめる時期である。日頃から運動（トレーニング）を実施している場合は運動技能の安定性や応用性は維持され，また筋力や持久力は維持される。46歳を過ぎる頃から，運動能力・技能の低下が明らかになってくる。日常生活での運動技能はそれほど衰えないものの，運動パフォーマンスの正確性や安定性は減退してくる。体力面の低下は顕著に現

れるが，判断力や器用さ，巧緻性の低下はゆるやかである。

(7) 老年期（60歳〜）

　骨は加齢により，萎縮と肥厚の変化が入り交じった形となる。すなわち骨の容積が減少する反面，靱帯，腱，筋肉の付着部では骨が増殖する状態になるのである。関節では，関節軟骨が薄くなったり，硬化するという変性や，関節周囲の組織の変性が起こる。これらの変化は，運動機能に大きな影響を与える。運動機能では，握力の低下が最もゆるやかである。運動は，筋力，持久力，瞬発力，敏捷性，巧緻性，柔軟性などのさまざまな機能が統合されて行われるが，瞬発力を必要とする垂直跳びのような運動は，10歳代後半から直線的に低下する。一方，運動機能は生活習慣や環境によって個人差があり，高齢になるほどそれが著しくなる。バーガーの運動の加齢サイクルによると，加齢につれて日常生活に占める運動量が減少すると，肥満，筋力低下，精力減退が起こり，さらに老い自覚が増し，ストレスや不安・抑うつの増加と自尊心の低下が起きる。このような心身の不調は，いっそうの身体活動の減少を導き，やがて体力の減退から心臓病，高血圧，各種の痛みなどの生活習慣病が発症するとしている。

●参考文献

大日向達子・並木博・福本俊・藤谷智子・向井敦子・石井富美子『発達心理学』朝倉書店　1992
藤田主一・齋藤雅英・宇部弘子（編）『新 発達と教育の心理学』福村出版　2013
藤田主一・板垣文彦（編）『新しい心理学ゼミナール――基礎から応用まで』福村出版　2008
市川功『ピアジェ思想入門――発生的知の開拓』晃洋書房　2002
中込四郎・伊藤豊彦・山本裕二（編）『よくわかるスポーツ心理学』ミネルヴァ書房　2012
日本発達心理学会（編）『発達心理学事典』丸善出版　2013
日本スポーツ心理学会（編）『スポーツ心理学事典』大修館書店　2008
鎌田ケイ子『老年看護学概論・老年保健〔3版〕（新体系看護学全書 老年看護学1）』2012
田島信元・撫尾知信・田島啓子（編著）『発達と学習――現代教育心理学のすすめ』福村出版　1990
杉原隆（編著）『生涯スポーツの心理学――生涯発達の視点からみたスポーツの世

界』福村出版　2011
村田孝次『生涯発達心理学の課題』培風館　1989
無藤隆・久保ゆかり・遠藤利彦『現代心理学入門2・発達心理学』岩波書店　1995
中島義明ほか（編）『心理学辞典』有斐閣　1999
Harris, J. A., Jacksons, C. M., Paterson, D. G. & Scammon, R. E. *The measurement of man*. University of Minnesota Press, 1930.
ガラヒュー，D. L.（著）杉原隆（監訳）『幼少年期の体育——発達的視点からのアプローチ』大修館書店　1999

トピックス3

「からだと動きの育ちそびれ」回復の栄養素

　わが国では，1960年代に入ると高度経済成長にともなって労働・生活様式が機械化・省力化され，自然に親しみ仲間とぶつかり合う時間・空間・仲間が失われる中で，健康や体力に対する不安が生じてきた。今日の学校現場には「からだと動き」の育ちそびれというべき事態が生じている。子どもたちの「からだと動き」の育ちそびれの背景には，外遊びの減少があるといわれている。これまでは自然の中で，からだを使って遊び込む生活の中で「からだと動き」を発達させてきた。しかし，その機会が減少した現在，スポーツでかつての遊びが担っていた機能を代償できるかというと，それはなかなか難しいことである。なぜなら，まず，伝承遊びは，その中に総合的な「からだと動き」が含まれている。また，伝承遊びは未定型であることから自分たちで自由に遊びを変化させることができる。しかし，スポーツや運動はルールが決まっていて一般化されており，課題を決めるなどの自由度が低くそうはいかない。

　伝承遊びの特徴を以下に挙げる。①集団性：伝承遊びの多くは，集団による遊びであり，集団内のルールにしたがって遊ぶもので，子ども同士のコミュニケーションや相互理解を深める営みがある。②身体性：伝承遊びは，道具を操作した技術を競うものや歌のリズムに合わせて動作をしたりと，総合的にからだを動かし，その場の状況を読んで，状況にあった動きをしたりするものである。③海綿性：伝承遊びは，ものを作ったり，創りだしたりして遊ぶものである。遊び方には一定のルールがあるが，それは未定型であり自分（たち）で自由に変形し工夫し発展できる自由度がある。④環境性：伝承遊びは自然とかかわる遊びや，自然の中で遊ぶ遊びが多い。環境に合わせて主体を組み合わせ，組み換えな

がら遊びが展開される。

　近年，荒木秀夫氏の提唱するコオーディネーショントレーニング理論に注目が集まっている。コオーディネーション能力とは，「人間の能力の基礎にある運動や身体能力を，スポーツ，労働，生活行動など，さまざまな人間的行為（行動）の段階に結びつける一つの筋道を探り出す」能力である。総合的な「からだと動き」の耕しを考え教材化をするときに，各運動種目で求められる動きそのものを獲得することの他に，動きの学習能力・自己組織化能力を獲得することや，基礎的運動能力とスポーツ技能を媒介する能力である荒木コオーディネーショントレーニング理論に学ぶべきものが多くある。荒木は，運動実践で展開されるコオーディネーション能力の構造を三つの段階からとらえている。第1段階は「平衡能力」で，姿勢のバランスをとると同時に，バランスの取り方を自由に変えられる能力である。第2の段階は「定位分化能力」と「反応リズム能力」である。「定位分化能力」はまわりの状況を的確に判断し，必要な動きで対処できる能力であり，「反応リズム能力」とは，タイミングをとる，適切に反応するなどの動きを流れでつかめる能力である。第3の段階は「運動結合・変換能力」で，いくつかの動きを統合させてパターン化するとともに，それを自由に組み換えることができる能力である。これらの理論に伝承遊びをあてはめてみると，伝承遊びはコオーディネーション能力を耕すための栄養素を多分に含んでいることが予想される。「からだと動き」の育ちそびれを克服するために，伝承遊びやコオーディネーショントレーニングはキーワードになりそうだ。

参考文献
荒木秀夫「体つくり運動」とコオーディネーション，たのしい体育・スポーツ，5月号，2013
仲地万里子「伝承会遊び」平山宗宏ほか（編）『現代子ども大百科』中央法規　1988

4講 スポーツと学習

スポーツにおいては，うまくなる，強くなるために多大な時間をかけて練習が行われる。しかし，ただやみくもに筋肉を動かし，汗をかけばよいというわけではない。本講ではスポーツにおいてうまくなる，強くなるために知っておくべき，つまり選手の上達度を左右する，無視することのできない，心理学的な理論や，理解しておくべきポイントについて学んでいく。

1節　人の運動行動——生得的行動と習得的行動

私たち人の運動行動は生後時間をかけて身につくが，生まれながらできる行動と，教えられ練習してできるようになる行動に大きく分けられる。

前者は基本的には人が動物として生存するための本能的な運動行動である。たとえば生後間もない赤ちゃんが母乳を飲んだり，生後1年くらいには二足歩行ができるようになる。これらは種としての人が成長・発達するのにともないできるようになる行動で，「生得的行動」といわれ，それは私たち人だけに限定されるものではない。

一方，後者の場合は様相が異なる。私たちは生後親の保護や援助の中で成長しおとなになっていく。おとなになるということは後天的に社会性を身につけていくことである。私たちの社会にはルールや規則などがあり，それにより社会の秩序は保たれている。社会的なかかわりの中で生きていくためには，その社会のルールや規則にしたがって行動しなければならない。たとえば，ものを食べるだけならあえて箸を使う必然性はない。しかし和食の会食や宴会では箸を使うという技術が要求される。服を着る，靴を履く，自転車に乗る，パソコンを使う……どれも文化的・社会的行動であり，習い教えられて身につく，つまり学習によって獲得される行動である。これらはしばしば「習得的行動」といわれ，人の行動の中ではそれが占める割合が，他の動物に比べ圧倒的に多い。

スポーツ行動も大枠としては文化的・社会的行動であり，あらかじめ決められた（作られた）ルールや規則がある。たとえば，サッカーは「チーム11人が上肢を除く身体部位を使い（ゴールキーパーを除く），決められた時間内に，相手ゴールにボールを押し込み，それが多くできたほうが勝ち」という競技である。前述の和食における箸の例と同様に，相手ゴールにボールを押し込むだけなら，ラグビーやハンドボールのように手を使ったほうがより効率的である。しかし"手を使ってはいけない"というルール（これはルールなので仕方がない）があるので，それは反則であり「得点」にはならない。つまり，サッカーは「ボールをあつかうには不器用な足をいかにうまく使うか」が主要課題であり，もともと誰もができるような動きではなく，それゆえに高い水準でのプロ選手のプレーに感動を覚えるのである。

自分らしさを表現するため，人から認められるため，他者との交流のためなど，スポーツをする動機は多様である。あえて身体的，心理的，社会的価値を見出して行うのがスポーツ活動であり，生存にかかわる捕食や逃走・攻撃という生得的行動とは明らかに質的に異なる行動である。

学習とは「経験にもとづく比較的永続的な行動の変容」と定義される。スポーツ活動は簡単にできるものではなく，あえて練習しないと身につかない難しさが内在し，できないことをできるようにする，巧さを獲得する過程である。しかし，ただやみくもにからだを動かし，回数をこなすだけでは上達は期待できないのも周知のとおりである。ここにスポーツ実施者や指導者が，運動学習の研究成果を知ることの意味がある。

2節　スキルの要素と分類

1　スキルの要素

スポーツにおける「技術」は高いパフォーマンスを発揮するための方法や手段，目標とする動きのことで，「技能」は個人の技術の獲得の程度に着目した用語である。つまり技術の達成度のことを技能といい，「スキル」は両方を含む用語としてあつかわれているようである。

どのような運動種目であっても，スキルには三つの要素があり，それぞれの

要素の正確さが，動きの結果を左右する。以下にスキルをとらえる視点を提示する。

(1) スペーシング：空間で身体をどのような方向に動かすのか。姿勢やフォーム，動きの大きさ，身体各部位の上下左右方向，前後方向の正確さの空間的要素。さらにはプレーの位置どりやポジションなども含めることができる。

(2) グレーディング：身体をどれくらいの力加減で動かすのか，力の入れ具合，力の抜き方の正確さにかかわる要素。

(3) タイミング：いつ動かすのか，リズム，時系列的に一致しているかどうかの時間的要素。いくらよい動きができても，タイミングがずれては巧みな動作とはいえない。広い意味ではプレーの「間」も含めることができる。

卓越した動作は上記3要素が高いレベルで調和している。大築立志（1988）は上記3要素に「再現性」を加えている。ときどきできるだけではなく，安定した成功確率も，スキルの要素として重要である。

2 スキルの分類

運動学習は知覚運動学習ともいわれる。どのような情報が運動にかかわるのかによりスキルを分類することは，スキルの新たな見方を提供してくれる。ポールトン（1957）は環境の安定性と変化の予測可能性の程度に着目して，環境の変化が少なく予測可能な環境で行われるものをクローズドスキル（運動の主たる感覚情報が外部から遮断されているため閉鎖系である）と呼んだ。この要素が多いスポーツには陸上競技，体操，アーチェリー，射撃など多くの個人競技が含まれる。一方，運動が行われる環境が常に変化し，予測が難しいものをオープンスキル（自己の動きが外部の要請によって異なるため開放系である）と呼んだ。この要素が多いスポーツにはバレーボール，野球，サッカーなどの集団種目や球技系の種目，また柔道や剣道などの格技系の種目が含まれる。

しかし，多くの運動種目にはオープンスキルとクローズドスキルが混在しているのが一般的である。たとえばバスケットボールは種目としてはオープンスキル型に分類されるが，フリースローは一定の位置・距離からオフェンスがいない状況でシュートできるためクローズドスキルである。フリースローは理想的なフォームの獲得が主要な課題となるので，筋感覚や入った，入らなかった

という結果が学習における重要な情報源である。したがって個人練習は十分可能である。一方，試合やフォーメーション練習，ゲーム練習は周囲のプレーヤーの動きが自分のプレーを決定する重要な情報源であり，状況判断や予測が主要な課題となる。相手選手やチームメイトあっての練習であるため，集合練習でないとできないという特徴がある。

以上のように一つの種目でもクローズドスキルとオープンスキルに分けてとらえることは，自分だけで練習できることと，集合練習でしかできないことを考える上で参考になる。

3節　学習理論——どのように学習が成立するか

人の技能や知識などがどのように獲得されるかを示したものが学習理論である。人の運動行動における学習理論は古典的な一般心理学や情報処理理論を取り入れて確立してきた。

1　連合理論と認知理論

お腹のすいた犬は餌をみれば自然に唾液を分泌する。このような餌という刺激と唾液分泌という反射は無条件に引き起こされる。ロシアの生理学者パブロフは，犬に対し，餌と同時にメトロノーム音を提示することをくり返すと，餌がなくてもメトロノーム音を聞くだけで唾液が分泌されることを発見した。餌があるという条件下でのメトロノーム音（条件刺激）が，餌がない場合でも唾液の分泌という（条件）反射を引き起こすことを実験で明らかにしたのである。神経生理学的には大脳皮質の神経細胞の新たなネットワークが形成されることにより条件反応を獲得することが学習の本質であり，新たな行動は神経細胞のネットワークの広がりの結果であると説明する。パブロフの研究に端を発する連合理論の概略を説明すると，学習は試行錯誤的に行われるが，物理的心理的報酬を得たり，欲求が満たされることにより行動はくり返し行われ，その結果学習が促進するという。

認知理論は学習が成立するためには，予測や見通し，洞察が重要であると説明する。ドイツのゲシュタルト心理学者のケーラーは，チンパンジーの檻の天

井にバナナを吊るし，いくつかの木の箱をその檻に入れた。はじめのうちチンパンジーはジャンプしてバナナを取ろうとするが，木の箱に気づくとそれをバナナの下へ移動し，その上に上がってバナナを取ろうとした。それでも届かないと箱を積み上げてバナナを手にした。ケーラーはここから，バナナの位置と箱との関係性，つまりどのような手順をふめばバナナを手に入れることができるかという見通し（認知）により学習が成立すると考えた。

連合理論と認知理論からスポーツの学習を考えてみよう。確かにくり返し練習しなければスキルレベルは向上しない。また，野球のバッティングやテニスのグランドストロークの"コツや感覚"は言葉ではうまく説明できないことがあり，やってみてわかることが多い。つまり試行錯誤が必要で，その意味においてスポーツ活動の学習は連合説から説明しても間違いではない。

ならばただ数打てばよいのだろうか。確かに打たないよりも打ったほうがよいかもしれない。しかし，ワンポイントの指導を受けたことにより，急にレベルアップすることがある。また，なかなかできなくても，あきらめずくり返し練習しているうちに「あー，そうか！ こうやって打つんだ！」と急にひらめくこともある。つまり，連合説と認知説の両者をもって運動スキルは向上していくものと考えるべきである。

2 人を情報処理系とみなした運動学習理論

私たちの運動行動（随意運動）のプログラムは，基本的に脳で作成され，神経系を介して全身の筋に伝達される。動作の結果は筋感覚や視覚あるいは聴覚という感覚器官から脳へフィードバックされる。運動学習において，このようなさまざまな情報のはたす役割は重要である。ところが，古典的な連合説や認知説では，運動にかかわる多様な情報が運動学習とどのようにかかわっているかは説明できない。ここに人を一つの情報処理系とみなした学習理論が登場する。

(1) アダムス（1971）の閉回路理論

アダムスの閉回路理論は運動の知覚痕跡と記憶痕跡という概念を提唱した。その後，多くの検証研究が行われ，運動学習に関する多くの知見が生み出された。彼の理論を簡略化すると，筋感覚情報や結果の知識を用いて知覚痕跡が運

動の誤差の検出にかかわり，どのような運動を選択し実行するかの決定には，記憶痕跡が重要なはたらきをするという。

アダムスの閉回路理論では，刺激と反応が1対1対応になっているため，実際の私たちの運動について説明ができないことがある。一つは，もし正しい反応の結果により運動が記憶されるならば，経験したことのない運動はできないことになる（新規性の問題）。またもう一つは，もし過去に経験した正しい運動により知覚痕跡や記憶痕跡が形成されるならば，無数の動作を記憶しておかなければならないことになる（貯蔵性の問題）。

(2) シュミット（1975）のスキーマ理論

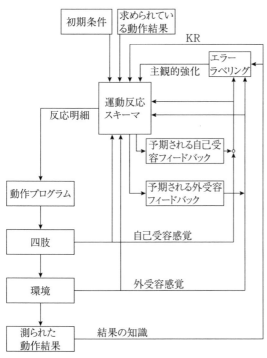

図4-1 シュミットのスキーマ理論
この図では再生と再認スキーマは二つの運動反応スキーマとしてまとめて表現されている。（『運動行動の心理学』高文堂出版社 1989より）

この新規性と貯蔵性の問題に対して，シュミットはスキーマ理論を提唱した。スキーマとは図式，枠組み，計画のことである。スキーマ理論では，まずそれぞれの運動に対応する一般運動プログラムを想定する。運動の再認と再生については再認スキーマと再生スキーマ（これら両方を運動反応スキーマという）という，いわば抽象化されたルールが関与する。テニスのグランドストロークを例にすると「手でもったラケットでボールを打ち返す」という大まかな一般運動プログラムがあり，スイングの力加減や方向，スピード，イン

パクトのタッチ，スイング時間等のパラメータを設定することで状況に応じた運動が可能となるが，そのような運動発現にかかわる知識の集合体が再生スキーマである。うまくできたかどうかの評価に関しては再認スキーマがはたらく。

運動反応スキーマの形成と運動発現には以下の四つの情報が関与する。(1) 初期条件：運動開始直前の身体および環境の情報，(2) 反応明細：動作の仕方，運動のスピードや強さ動作の要素，(3) 感覚経過：動作によって生じフィードバックされる筋運動感覚，視覚や聴覚による感覚情報，(4) 反応結果：各種フィードバック情報と目標値との誤差である。

実際スポーツ活動は，「同じような」場面はあるが，「まったく同じ」場面はない。上記四つの情報は常に異なるというのがスポーツ場面である。このことは特にオープンスキル系の種目で顕著になる。テニスのストロークを例にすれば，飛んでくるボールのスピードや回転，打ち返すコースは，同じようであっても決してまったく同じではない。シュミットのスキーマ理論は私たちの運動にかかわる情報と運動発現，そして認知や記憶，つまり運動学習についてうまく説明できる理論といえよう。

4節　学習過程——どのように学習が進行するか

1　学習曲線

運動学習の過程は目標とする外部環境への適応の過程であり，運動学習は筋の発達や，内的な筋の動かし方にかかわる神経系，さらには状況判断等の心理的変容をともなうものである。練習期間を通じて観察可能な具体的な得点や点数を時系列的に表記したものをパフォーマンス曲線というが，これは学習の効果そのものを示すものではない。パフォーマンス曲線に内在する，推測される学習の効果を示したものを学習曲線という。パフォーマンス曲線と学習曲線を区別するということは，運動学習の過程は機械的な直線的なものではなく，「多少の誤差を含みながら練習期間全体としてみれば向上していく過程である」ということである。いいかえれば，何らかの影響でたまたまできなかったことや，単純に数回優れたプレーができたからといって学習が成立したとはいえな

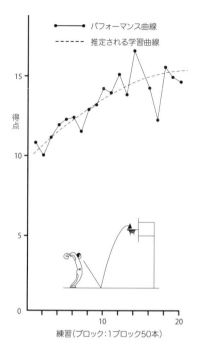

図4-2 バスケットボールのワンバウンドシュート課題における個人のパフォーマンス曲線と学習曲線
(『新版 運動心理学入門』大修館書店 1987 より)

いことを意味している。

　学習の効果を推定するには一つのプレーだけを取り上げるのではなく複数回の試行の平均値を用いて推定する。たとえば実験などでは練習前の10試行（プレテスト）の平均と，練習後の10試行（ポストテスト）の平均を比べる。あるいは変化率を計算して内在する学習の効果を推定することができる。

　比較的長期にわたる学習曲線を理論的に考えると図4-3のようになる。しかし，私たちが実際行うスポーツ行動の学習曲線は図4-3よりもさらに複雑である。幼いときにあるスポーツ種目をはじめて，おとなになるまでの長い期間，発達の影響も受けながらスキルは向上する。人によっては図に示したスランプを何回も経験するが，一方でまったく経験しない人もいる。

2　プラトーとスランプ

　プラトーとは登山道にある平坦な高台を意味する言葉で，スキルがあるレベルに達すると，練習をしても一定期間そのレベルで停滞してしまう状態のことである。高原現象ともいわれる。プラトーは意識できない生理心理的な変容の準備段階であると考えられる。

　プラトーと異なり，スランプの特徴はパフォーマンスの低下である。原因は体力の低下，けがの影響，不適切な体調管理や蓄積疲労などで，発育期の子どもにおいては急激な身体的な成長が原因となることもある。また本人も気づか

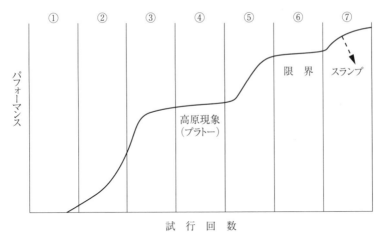

図4-3 理論的,典型的な学習曲線
①学習の初期にみられる,ほとんど進歩のない時期 ②進歩が著しいとき ③進歩が鈍る時期 ④プラトー ⑤再び少しずつ進歩が現れる時期 ⑥限界に近づく時期 ⑦高い水準に達する時期（松井匡治・円田善英（編著）『体育心理学』建帛社 p.127 1989より）

ない心理的な原因などがあげられる。

　プラトーは学習過程で頻繁にみられる現象で,スランプのような直接的な原因があるわけではない。したがってプラトーとスランプは対処法が異なる。プラトーの場合は準備段階であることを認識し,それにしっかり向き合い,根気よく継続的に練習を続けることにより,抜け出すことができる。スランプの場合はその原因を取り除くことが必要である。プラトーとスランプは混同されて解釈されることが多いが,どちらであるかの見極めが対処法としての第一歩である。

3　運動学習の転移

　ある行動を学習した後に,別の行動の学習をする場合,先に行った学習が後の学習に何らかの影響を及ぼすことを運動学習の「転移」という。後の学習が促進されることを正の転移,後の学習が抑制されることを負の転移という。正の転移について例をあげると,テニスの経験がある者は,卓球を学習する場合,上達が早いということがある。シュミットのスキーマ理論から説明すれば,テ

ニス経験者は，すでにストロークに関する「ラケットでボールを打つ」という一般運動プログラムと，それを駆動させる運動反応スキーマが形成されているために，卓球の学習がスムーズに進行するということである。正の転移か負の転移かを決定づける条件は，前の課題と後の課題の運動パターンの類似性や同一性である。運動パターンの類似性や同一性とは，相互の運動の一般運動プログラムと運動反応スキーマの活用可能性のことである。投げるという運動に着目すれば，野球のボールのスローイングとやり投げのスローイングに用いられる一般運動プログラムは，お互いが汎用性をもち活用される。このような場合に正の転移は促進される。バドミントンのスマッシュとテニスのスマッシュの間でも同様である。

5節　練習の組み立て

体育や部活動の練習は，課題が時系列的に配列された練習メニューにしたがって進められる。ここでは練習メニューの組み立て方の大枠や，留意点を提示する。

1　全習法と分習法

全習法とは運動種目を構成するいくつかの運動課題に分割しないでまとめて練習する方法である。分習法はその種目を構成する運動課題に細分して練習する方法である。

野球を例にすると，試合形式の紅白戦が全習法に相当する。一方，同一選手が守備練習と打撃練習を同時にすることはできないので，基本的に日頃の練習は分習法ということになる。また，バスケットボールを例にすれば，シュートやドリブル，パス等の多くのサブスキルから構成されているため，基本的には分習法が比較的可能である。しかし，実際相手がいるときにそれらをできるようにするためには，チームメイトや対戦相手と共に行うフォーメーション練習，さらには試合形式の練習が必要となり，これは全習法に分類される。

全習法と分習法のどちらが効果的かという論議になりやすいが結論としては，運動種目にはそれぞれの種目において階層性があり，どの水準に着目するかに

より効果は異なる。一般的には試合で必要とされるさまざまなサブスキル（バレーのサーブ，アタックなど）を分習法でくり返し練習し，それを試合形式の練習でできるかどうか確認して，うまくできないことを分習法で再度練習するという相補的な練習ととらえることが実用的である。また，学習者の年齢や動機づけレベル，スキルレベルなど多くの要素を考慮して練習メニューは組み立てる必要がある。

2 集中法と分散法

　練習時間にどのように休憩時間を挿入するかに着目した場合には集中法と分散法に分けられる。集中法とは休憩時間を入れないで行う方法で，一方，分散法は間に休憩を挿入する方法である。実験室実験では比較的操作可能であり，また実際のスポーツ種目の練習でも，いつ休憩するかは重要な問題であるため，多くの研究が行われてきた。これらの研究の中でよく論議されるのが，休憩を入れた場合，後のパフォーマンスが向上するという現象である。運動をしていなくても神経生理学的な内的な変化が生じて学習は進行することがあるというレミニッセンス効果が発動するというものである。適切な休憩は身体的疲労の回復や動機づけの維持とともに，スキルの向上には有効である。

3 フィードバック情報の活用

　フィードバックとは，もともとは制御工学分野において，「出力側の情報を入力側に戻すこと」である。人の運動制御においては，運動の結果を本人が知ることである。
　2節でスキルには三つの要素があることを述べた。どのくらいできたか，どれくらいできなかったかは，目標とするパフォーマンスと実際のパフォーマンスとの空間的，力量的，時間的な誤差（ずれ）を知ることである。この誤差を知ることができなければ，いくら練習をしても上達しないばかりか，間違った動作（ずれのある動作）を身につける，つまり「下手を固める」ことになってしまう。このようにフィードバック情報は運動学習にとって必要不可欠の情報である。フィードバックの分類についてはいくつかの知見があるが，ここでは内在的フィードバックと外在的フィードバックについてあつかう。

(1) 内在的フィードバック

人に生得的に備わっている感覚にもとづく情報である。野球のバッティングを例にすると，腕や脚の筋運動感覚，バットがボールをとらえるときの手の感覚，スイング音や打球音など聴覚情報，打球方向の視覚情報などである。これらはプレーヤーが感覚器官を通じて直接得ることができる情報で，運動学習が成立するための基本的かつ重要な情報である。内在的フィードバックは運動遂行者の自己評価をうながし，運動学習の次のプレーに生かすことができる。試行錯誤的に練習をする場合の重要な情報源である。

(2) 外在的フィードバック

①結果の知識（Knowledge of Result：KR）

得点や試合結果，スケートの演技の得点，シュートが成功か失敗かという，プレーの結果に関する情報である。しばしば内在的フィードバックと一致する（打った瞬間にアウトかセーフかどちらであるかわかる）が，あくまで環境の要請により決まる，種目のルールに応じた「環境へはたらきかけた結果の情報」である。

②パフォーマンスの知識（Knowledge of Performance：KP）

「動きそのものの情報」でありKRのような環境とのかかわりは論議されない。どのような動きをしたか，手足の動きや運動のパターン，結果を生み出すための動作に関する情報である。たとえば，指導者からの「今の動きはいいね！」という客観的な情報である。また，視覚的にはビデオ映像を活用して効果的に得ることができる。

KRとKPが区別されるのは，結果とプレーはしばしば別に論じられることからも理解できる。よい動きであっても結果が悪いこともあるし，その逆もある。また，プレーヤー自身がよいと思う動きでも，指導者が客観的にみれば非効率的な無駄のある動きであることもある。さらに，動機づけという観点からもKRとKPの区別は重要である。結果は試合のレベルや対戦相手の強さに左右されるものであるため，たとえ結果が悪くてもKPによりよいところをほめることにより，動機づけの維持が期待できる。

4　過剰学習

　練習，訓練，修練，体練の「練」は，古くはまゆ玉から紡いだ生絹を，白く柔らかくするために，ワラを焼いて作ったあく灰汁で煮沸する工程の「精錬（練）」が字源である。この工程は手間暇かけてじっくり行う。つまり「練」は時間を要することを意味している。

　私たちはある運動課題を習得する場合，一定の基準を設けてできるようなったかどうかの判断をする。過剰学習とは，一定の基準がクリアできるようになっても，さらにくり返し反復練習をすることである。ネズミの迷路課題について，過剰学習群が統制群より転移場面でよい成績であったという知見により，過剰学習は学習心理学では重要な現象として認められている。

　過剰学習は，(1)スキルを定着させる，運動記憶を安定させる，(2)より効果的な運動方略や効率的な動きの"コツ"を得ることができる，(3)目標とするスキルそのものに対する何らかの認知構造の変化，あるいは獲得したスキルに対する新たな気づきをうながす，という効果が期待できる。

　時間の無駄を省き，めりはりのある効率的な練習をすることは大切である。また，身体的な苦しさをともなう練習や，基本的な練習のくり返しは，単調になりやすく集中力も維持しにくい。しかし，過剰学習の重要性を口にする指導者やトップアスリートは少なくない。

●参考文献

上田雅夫（監修）『スポーツ心理学ハンドブック』実務教育出版　2000
大築立志『「たくみ」の科学』朝倉書店　1988
スポーツ実践研究会（編）『入門 スポーツの心理』不昧堂出版　1997
宮下充正（監修）麓信義・工藤孝幾・伊藤政展（著）『運動行動の心理学』高文堂出版社　1989
松井匡治・円田善英（編著）『体育心理学』建帛社　1989
シュミット，R. A.（著）調枝孝治（監訳）『運動学習とパフォーマンス』大修館書店　1994
松田岩男・杉原隆（編著）『新版 運動心理学入門』大修館書店　1987
Poulton, E. C. "On prediction in skilled movements." Psychological Bulletin, 54, 467-478, 1957.
Adams, J. A. "A closed loop theory of motor learning." Journal of Motor Behavior, 3, 111-150, 1971.

Schmidt, R. A. "A schema theory of discrete motor skill learning." *Psychological Review*, 82(4), 225-260, 1975.

トピックス4

どのゴルフクラブを選びますか？

　想像してみましょう。あなたは週3回も練習場に来るようなゴルフ愛好家です。明日は大切なコンペの日。勇んで車を跳ばし，いつものゴルフ練習場に到着して打席に向かいます。まわりをみるとあなたと同じ仕事帰りの人たちが打席で汗を流しています。

　打席に到着。「さあ，打つぞ……」ちょっとまった！　あなたはどのクラブをもっていますか？　そうですね。おそらくいつものように，隣のおじさんと同じピッチングウェッジ（PW）。練習場ではまず，PWとか9番アイアンというシャフトの短いクラブでからだを慣らし，それから少しずつ長いクラブへ，という練習方法が一般的です。「易しいものから難しいもの」へという練習の組み立ては，「ミスが少ないショットを多く打つ」にはよい方法です。これはゴルフに限りません。

　練習場で1打目にどのクラブを選択するか。ここでのお勧めはドライバーです。いきなりドライバーで打ってみましょう！（ただし準備運動をしっかりと！）そして2打目は9番アイアン等の寄せるクラブ，そして3打目はグリーンに乗せるピッチング……。これで3打です。つまり「おおよそ想定される各ホールごとに使うクラブの順番」を想定して，1打に集中して打ってみましょう。

　本編で述べたシュミットのスキーマ理論からも，この練習法は説明できます。運動反応スキーマは「多様な経験」で強化されます。ゴルフという種目からみればこのことは「さまざまなクラブで打つ」ことに対応します。明日コンペに向かう週3回も練習場に来るようなあなたの今日の目標はアイアンのフォーム形成ではないはずです。コースで異なる状況で「1打ごとに異なるクラブを使いわける，多くのクラブを安定し

て使いわけること」のはずです（これがゴルフという種目の目指すところです）。

　スキーマ理論ではこのような1試行ごとに条件を変える練習のことを「多様性練習」といいます。これに対し，同一クラブでの連続打ち（たとえば50球連続して9番で打つ練習）は「一定練習」といいます。こちらの練習方法では，同じクラブを連続して使うため，ゴルフの「ゴルフクラブでゴルフボールを打つ」という一般運動プログラムと運動反応スキーマの強化に重要な役割をはたす，筋運動感覚や結果の知識に集中しやすいため，特に初心者がフォームを形成する（固める）には有効な練習方法です。上級者においてもよくないフォームを矯正するため，一定練習が有効であることはいうまでもありません。

　コースとボールの飛距離を想定（イメージ）して，1打ごとに異なるクラブで打つことに加えて，さらに，ショットとの間にショットに「間」をとります。何の間かというと，そうです！　コース上を歩いて自打球に向かう時間です。ですから打席の後ろにある椅子に座るのではなく，できれば練習場を1往復するとか……。工夫次第でより実戦的になります。こうなればシュミットのスキーマ理論は「理論」を超えて実戦で使える「方法」になります。

　練習の目標が何であるのか，フォームを安定させることか，コースを想定してクラブを使いわけることなのかにより練習方法は異なってきます。とりもなおさず，練習には目標が不可欠です。

5講 スポーツとパーソナリティ

スポーツ競技の中で，よいパフォーマンスを発揮するための条件として，身体的適性，心理的適性というものがあげられる。競技に必要なパワーや持久力が求められ，また，往々にして大事な場面でも平常心で臨めるこころの安定さが必要とされる。後者の心理的適性を考えたときに，パーソナリティは重要な要素としてあげられる。この講では，パーソナリティについて理解し，スポーツとパフォーマンスとの関係について学んでいく。

1節　パーソナリティ

1　パーソナリティとは

　パーソナリティは一般的に「人格」や「性格」と訳される。オルポートは，パーソナリティについて，「個人に内在し，環境に対する独自の適応を決定する精神身体的体系の力動的体制」と定義している。この定義の内容は，(1)他から独立した個の存在としてとらえること，(2)遺伝などの内的要因をもつこと，(3)心身一元の体系をなしていること，(4)自らの意志決定で環境に適応していくこと，(5)人の内面的構造は変化と発達をしつつ，統合，組織化されること，が含まれると考えられる。端的に，パーソナリティとは，その人を特徴づけている持続的で一貫した行動パターンととらえることもできる。
　パーソナリティの語源はラテン語のペルソナであり，仮面のことである。これは，外見上わかるその人の特徴といえる。また，ペルソナには，仮面をかぶった役者という意味もある。このことから考えると，パーソナリティは「いろいろな特徴を演じている役者」というふうにも受け止められる。パーソナリティと同じように使われる用語にキャラクターがあるが，心理学の中では統一してパーソナリティが用いられている。

2 パーソナリティの形成

パーソナリティの形成は，遺伝的要因と環境的要因によって成り立っているとされている。基本的には遺伝的要因である体質，気質による土台があって，環境的要因である態度・習慣や役割的性質によっても影響される層構造の図式で表される（図5-1）。環境的要因についてスポーツの中で考えてみると，そのスポーツ集団の中で学ぶ規律正しさ，フェアプレー精神，相手を尊敬するこころ，まわりへの感謝の気持ち，達成意欲，達成感，責任感，団結心，あきらめないこころ，リーダーシップ，フォロアーシップなどさまざまな要素がパーソナリティ形成に影響すると考えられる。

3 パーソナリティ理論

パーソナリティについての研究は，長い歴史をもっている。さまざまな研究者がそれぞれのパーソナリティ理論を世に示してきた。以下，代表的な理論を紹介する。

(1) 類型論

類型論とは，パーソナリティをいくつかのタイプに分類してとらえる考え方である。クレッチマーは，精神的特徴が体型に対応すると考え，三つのタイプを提唱した。一つ目の肥満型の特徴は，社交的，親切，温かみなどであり，二つ目の細長型は，非社交的，静か，内気，きまじめなどとし，三つ目の筋骨型は，熱中しやすい，几帳面，誠実，忍耐強いなどの特徴をあげた（表5-1）。

また，ユングは外向性，内向性の二つの分類を考えた。外向性は関心が外界に向けられ，社交的で積極性があり，行動力があるといった特徴があげられる。内向性は関心が自分自身に向けられ，非社交的で，思慮深く，忍耐力や創造性に富んでいる

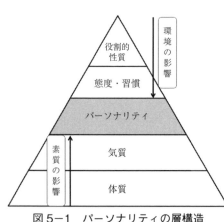

図5-1　パーソナリティの層構造
（『教職をめざす人のための教育心理学』福村出版 2008 p.93 より筆者が加筆修正）

表5-1　クレッチマーの類型論

体格	気質	気質の主な特徴
肥満型	躁うつ気質	社交的，善良，親切，友情に厚い，温かみがある
細長型	分裂気質	非社交的，静か，用心深い，内気，きまじめ，変わり者
筋骨型	粘着気質	熱中しやすい，几帳面，誠実，忍耐強い，頑固，ときどき爆発する

(『新しい心理学ゼミナール』福村出版 2008 p.40 より筆者が加筆修正)

表5-2　シェルドンの類型論

体格	気質	気質の主な特徴
内胚葉型	内臓緊張型	くつろぎ，安楽を好む，飲食を楽しむ，社交的
外胚葉型	頭脳緊張型	控えめで敏感，他人の注意を引くことを避ける，安眠できず疲労感をもつ
中胚葉型	身体緊張型	大胆で活動的，自己を主張する，精力的に活動する

(『新しい心理学ゼミナール』福村出版 2008 p.40 より筆者が加筆修正)

表5-3　シュプランガーの類型

理論型	物事を客観的にあつかい，真理を追求する人
経済型	お金や財産本意の人で，物事を経済的・功利的な視点からみる人
審美型	芸術的な美に最高の価値をおく人
権力型	他人を支配し，権力を求める政治的な人
宗教型	神への奉仕に価値をおき，宗教的信仰に生きる人
社会型	愛他的に行動し，福祉活動に生きがいを感じる人

(『教職をめざす人のための教育心理学』福村出版 2008 p.96 より筆者が加筆修正)

特徴があげられる。

　シェルドンは，体格を肥満している内胚葉型，細長い外胚葉型，骨や筋肉が発達している中胚葉型の三つに分けて，それぞれ内臓緊張型，頭脳緊張型，身体緊張型という気質を割り当てた（表5－2）。また，シュプランガーは価値基準を基に理論型，経済型，審美型，権力型，宗教型，社会型の六つに分けた（表5－3）。

(2) 特性論

　特性論とは，パーソナリティを構成している特性を度合いで表し，その人のパーソナリティを理解しようとするものである。オルポートは，心誌と呼ばれ

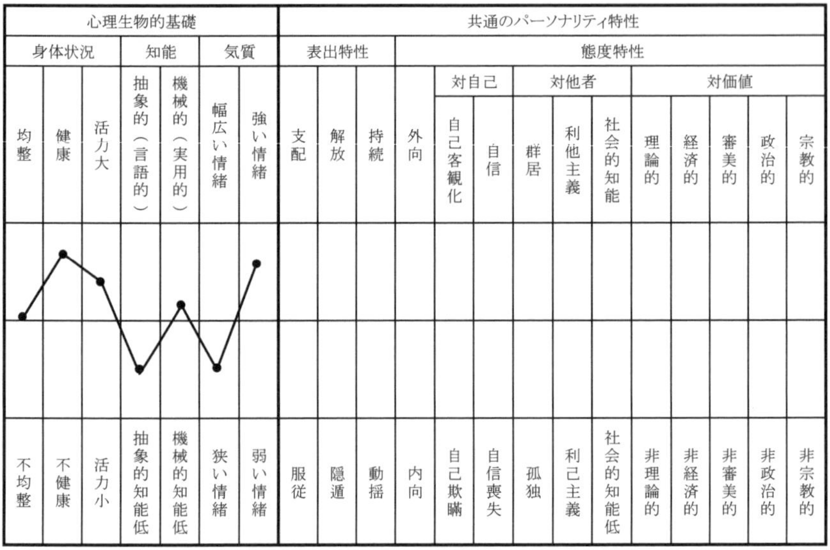

図5-2 オルポートの「心誌」
(『こころへの挑戦——心理学ゼミナール』福村出版 2002 p.42 より筆者が加筆修正)

るプロフィールで性格形成に影響する共通特性を表した（図5-2）。キャッテルは，16の特性を考え，その特性が直接観察できるものを表出特性と呼び，その特性の背後にあるものを源泉特性とし，それぞれの特性を高低でとらえた（表5-4）。アイゼンクは特性を階層構造で考え，最終的には内向性―外向性，神経症的傾向，精神症的傾向の三つの類型のレベルに到達するものである。これは特性論と類型論をいわば組み合わせたものといえる。

また，これまで特性の種類についていろいろと研究されてきたが，近年，五つの因子が多く報告され，ビッグ5と呼ばれている。(1)外向性，(2)調和性，(3)誠実性，(4)神経症的傾向，(5)経験への開放性である。このビッグ5を測定しようと作成されたものに，コスタとマックレーのNEO人格目録改訂版（NEO-PI-R）がある。

4 パーソナリティの測定

パーソナリティを測定する方法は大きく分けて三つある。以下にそれぞれに

表5-4　キャッテルの16源泉特性と表出特性

	源泉特性	表出特性
1	情緒性－分離性	社交的，協調的－批判的，冷たい
2	高知能－低知能	抽象的思考，聡明－具体的思考
3	情緒安定性－情緒不安定性	冷静，忍耐強い－感情的，移り気
4	支配性－服従性	攻撃的，権威的－従順，順応的
5	高潮性－退潮性	衝動的，熱狂的－まじめ，無口
6	高い超自我－低い超自我	礼儀正しい，良心的－ご都合主義，無責任
7	冒険性－臆病性	遠慮のない，自由奔放－控えめ，気後れ
8	繊細性－堅牢性	直感的，非現実的－現実的，実用主義
9	懐疑性－信頼性	嫉妬，疑い深い－お人好し，信じやすい
10	空想性－現実性	空想的，ぼんやり－慣習的，実務的
11	巧妙性－率直性	打算的，警戒心の強い－飾らない，純粋
12	憂慮性－充足感	心配性，苦労性－落ち着いた，安定した
13	革新性－保守性	自由主義的，実験的－因習的，保守的
14	自己充足性－集団依存性	自立的，才覚のある－集団志向，従者的
15	自律性－放埓性	完璧主義，自制的－無計画，衝動的
16	高緊張－低緊張	落ち着かない，張り詰めた－穏やか，不活発

(『教職をめざす人のための教育心理学』福村出版 2008 p.98 より筆者が加筆修正)

ついてみてみよう。

(1) 質問紙法

パーソナリティに関する質問項目をあらかじめ用紙に書いておき，それらについて回答させる方法である。回答は，「はい」「いいえ」「どちらでもない」の3件法や5件法などを用いることが多い。代表的なものでは，谷田部・ギルフォード（YG）性格検査，ミネソタ多面人格目録（MMPI），モーズレイ性格検査（MPI），向性検査，東大式エゴグラム，顕在性不安検査（MAS），状態・特性不安検査（STAI），注意・対人スタイル診断テスト（TAIS），気分プロフィール検査（POMS）などがあげられる。

(2) 作業検査法

対象者に一定の作業を一定の条件のもとで行わせ，その作業の経過から，対象者のパーソナリティを測定する方法である。横に並んだ1桁の数字の隣同士を加算し，回答していく内田クレペリン精神作業検査（UK検査）が代表的で

ある。

(3) 投影法

曖昧な刺激情報である絵や図，文章などについて，どのように反応するか回答させるものである。左右対称の図柄をどのように理解するかをみるロールシャッハテスト，主題のはっきりしない図版をみて，過去，現在，未来についての物語を回答させる主題統覚検査（TAT），絵に描かれている吹き出しの言葉に対してどう答えるかをみる PF スタディ，未完成の文章を完成させる文章完成法検査（SCT），「1 本の実のなる木」を描かせるバウムテストなどがある。

2節　スポーツ選手とパーソナリティ

1　スポーツ選手のパーソナリティ特性

スポーツ選手に共通するパーソナリティが存在すると仮定して，それがはたしてスポーツ体験によって成り立ったものなのか，生得的なものなのかを線引きすることは難しい。ただ，「あの人はスポーツマンらしい」という言葉の中には，一種の共通した認識があると想定できる。一般的に明るく公正で社交的であり些細なことにこだわらないイメージをもっているのではないだろうか。

これまでにスポーツ選手のパーソナリティ特性を明らかにするために多くの研究がなされてきた。スパーリンクは，スポーツ選手は外向的で，支配性が強いが，進歩的，理論的，審美的な面では劣っていると述べており，トンプソンは，不安傾向が低く支配性が高いことを報告している。一方，中井忠男・秋山誠一郎（1967）は，神経質傾向があることをあげている。また，女性アスリートに関しては"女らしさの欠如"なども一般的にいわれている。船越正康（1984）が先行研究をもとにまとめた一流スポーツ選手のパーソナリティ特徴は，(1)社交性，(2)支配性，(3)外向性，(4)自己概念，(5)習慣尊重，(6)精神的強さ，(7)情緒安定の七つで，その内容を表5－5に示した。

しかし，コックス（2002）は，スポーツマン的パーソナリティの持ち主がスポーツで必ずしも成功するとは限らないことを指摘している。パーソナリティは，スポーツにおける成功の 10～15％程度にすぎず，さまざまな要因の一つだという（図5－3）。

表5-5　一流スポーツ選手のパーソナリティ特徴

①社交性	社交に自信をもつ，協調的，思いやりがあり，温かく，好人物
②支配性	攻撃的で自己主張と男性傾向が強く，自信家
③外向性	外向的，衝動的，非抑制的で，よく笑い，よく目立つ
④自己概念	人間についての高い価値認識をもち，自尊，自愛，自負，自信，自己主張が強い
⑤習慣尊重	保守・体制的，良心的，責任感が強い
⑥精神的強さ	身体ばかりでなく精神的にもタフ，強情，ときに無情・冷酷，失敗にくじけず，叱責に強い
⑦情緒安定	欲求不満に対して耐性が高く，くよくよしないとされるが，その逆もありえる

(『スポーツ心理学Q&A』不昧堂出版 1979 p.87 より筆者が作成)

大学生を対象にした徳永幹雄（1981）の調査では，運動部でのスポーツ経験年数が多くなるにしたがって，一般学生との差が広がり，活動性，支配性，攻撃性，社会的外向性は増大し，抑うつ性，神経質傾向は減少するが，思考的内向性（じっくり考えること），気分変易性（気まぐれ），客観性，協調性などはほとんど変化しないとされている。しかし，経験年数が長いほど情緒不安定になるなど，マイナス方向に変わる結果も存在する。すなわち，スポーツはどのように経験をしたかによって，パーソナリティの変容にプラスにもマイナスにもなりうると考えられる。

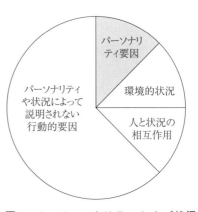

図5-3　パーソナリティおよび状況要因の競技パフォーマンスへの影響力の割合（コックス，2002）
(『教養としてのスポーツ心理学』大修館書店 2005 より)

2　競技種目別のパーソナリティ

シュアーら（1977）の研究では，競技時の接触の仕方によってスポーツを分類し，パーソナリティに違いがあるかをみた。スポーツの分類は表5-6に示した。その結果，直接型のスポーツ選手は，非スポーツ選手より外向性傾向および自主性傾向が高かった。また，平行型のスポーツ選手は，非スポーツ選手より不安傾向および自主性が低かった。スポーツ選手と非スポーツ選手とで

表5-6　スポーツの分類モデル（シュアー，1977）

	集団	個人
直接	バスケットボール アメリカンフットボール サッカー	レスリング
平行	バレーボール 野球	長時間 　ゴルフ，テニス，クロスカントリー 短時間 　トラック競技，水泳，体操

（『スポーツ心理学ハンドブック』実務教育出版 2000 より）

パーソナリティ特性に違いはみられたが，競技パーソナリティを表す特性までは至らなかった。

　一方，安田昭子（1984）は，「個人的スポーツの選手は孤独に耐え，克己心に富んでいるので意志が強く，責任感が旺盛であるといった長所を備えている。反面，マイペースであるために，主観的，衝動的，協調性不足といった傾向も少なからずあるといえる。一方の集団的スポーツの選手は明るく活動的である。また，協調的で思いやりがあり，客観性に富んでいるが，それゆえに，お人好し，意志薄弱，消極的，無責任などの傾向もある」と著書の中で述べている。

　ただ，スポーツを行って特徴的なパーソナリティが形成されるというよりは，もともとあったパーソナリティがスポーツ行動やスポーツの好みと関連し，そのスポーツに取り組む規定要因になっていると一般的に考えられている。

3　競技に必要な心理的適性

　スポーツ適性としてのパーソナリティを明らかにすることは，競技の成功を予測する上で有効になる。たとえば，危機的場面で緊張しすぎず，普段どおりの心理状態で実力を発揮できることや，苦しい場面でも声を出し，チームを引っ張っていけること，また失敗しても気持ちの切り替えがすぐに行え，ムードメーカーとして明るくふるまえることは，試合の勝敗に大きく影響を及ぼすことが考えられる。

　松田岩男（1967）は，スポーツ適性としての心理的資質について以下の七つ

をあげている。(1)スポーツに対する強い興味と，興味を伸ばしうる資質，(2)目標達成に対して精神を集中し，持続することのできる資質，(3)共通の目標の実現のために，役割を分担し，責任をはたすことのできる共同性，(4)積極的に精神的な緊張を高め，強い意志をもって競技することのできる資質，(5)危機的場面や選択場面で，状況を正確に敏速に判断し，すばやく実行することのできる資質，(6)危機的場面や緊張場面において，感情や情緒をコントロール，精神を安定させることのできる能力，(7)自主的に行動し，障害や困難に遭遇し，新しい局面に直面したときも観点を変えたり，創意・工夫したりして適応することができる資質である。

また，現在では競技に必要な心理的能力を検査によって測定できるようになっている。心理的競技能力診断検査（DIPCA.3）では，競技意欲（忍耐力，闘争心，自己実現意欲，勝利意欲），精神の安定・集中（自己コントロール能力，リラックス能力，集中力），自信（自信，決断力），作戦能力（予測力，判断力），協調性の5因子（12尺度）の心理的競技能力が測定できる。体協競技意欲検査（TSMI）では，競技に対する選手の「意欲」や「やる気」が評価でき，スポーツ競技特性不安尺度は，スポーツ選手の特性不安を評価することができる。

図5-4は向性と刺激量とパフォーマンスの関係をグラフに表したものである。これをみると，内向者は刺激量が少ないときによいパフォーマンスをしており，外向者は，刺激量が多いときによいパフォーマンスをしていることがわかる。

表5-7は，向性の違いによる運動パフォーマンスをまとめたものである。(1)外向的な人は緊張度の高いときによいパフォーマンスを示し，内向的な人は低い緊張度のときによいパフォーマンスを示す。(2)外向的な人は力強い大筋活動に，内向的な人は細かい正確な動きを必要とする小筋の活動に適

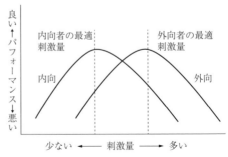

図5-4 向性と刺激量とパフォーマンスの関係
（『新版 運動心理学入門』大修館書店 1987 p.216 より）

表5-7 向性の違いによる運動パフォーマンス

	内向的	外向的
よいパフォーマンス	覚醒水準の低いとき	覚醒水準の高いとき
主な筋活動	細かい正確な動きが要求される小筋活動	力強い大筋活動
志向	正確さ	スピード
個人変動	小さい	大きい
主な動機づけ	内発的動機づけ	外発的動機づけ
知覚	敏感	敏感さに欠ける

(『C級教師教本』1994 p.68 より筆者が作成)

している。(3)外向的な人はスピードを志向し，内向的な人は正確さを志向する。(4)外向的な人は個人内変動が大きく，内向的な人は小さい。(5)外向的な人は社会的に動機づけられやすく，内向的な人は達成動機が高い。(6)内向的な人は細かい気遣いや精密な操作を必要とする知覚が敏感で，外向的な人はそれらの知覚に敏感さが欠けるところがある。以上のように，向性によって刺激量の違いや，特性がパフォーマンスに影響することがわかる。

3節　スポーツと不安，あがり

運動パフォーマンスとパーソナリティの関係を考えるときに，不安傾向やあがりというものが大きく影響しているといえる。

1　あがりとは

スポーツにおいては，特に重要な試合や勝敗を決する大事な場面に臨んだときに起こる心身の過度の緊張状態をあがりという。日常生活の中でも，大勢の人の前で話すとき，試験や面接時などでも起こる現象である。スポーツ選手におけるあがりの因子として，市村操一 (1965) は，次の五つをあげている。(1)自律神経系の緊張，(2)心的緊張の低下，(3)不安感情，(4)運動技能の混乱，(5)劣等感情である。(1)は，のどがつまったような感じになる，胸がどきどきする，筋肉が固くなったような気がする，(2)は，注意力が散漫になる，ウォーミングアップに身が入らなくなる，落ち着こうとしてかえって焦る，(3)

は，身体があまりいうことを聞かない，手足が思うように動かなくなる，自分のしているプレーが正しいのかどうかわからなくなる．(4)は，プレー中に失敗しやしないかと不安になる，何となく不安を感じる，一定のところに落ち着いていられない．(5)は，劣等感にとらわれる，相手がいやに落ち着いているようにみえる，といった反応などが例としてあげられる．

2 あがりやすいパーソナリティ

あがりやすい人の特徴として，普段から不安の高い人があげられる．スピルバーガーは，特定の状況における一時的な不安状態を「状態不安」と呼び，性格傾向として日頃から感じている不安を「特性不安」とし，区別している．よって特性不安の高い人ほど不安を生起させやすいため，あがりやすいといえる．この不安の中には，心の中に抑圧されているコンプレックスや，他人より劣っているという劣等感，また，高いプライドを傷つけられることへの恐れなども含まれていると考えられる．また，自尊感情の低い人は，自信に欠け，状態不安を呈しやすいともいわれている．

表5-8は状態・特性不安検査（STAI）の日本語版特性不安測定項目である．各項目で，1（決してそうでない）～4（いつもそうである）の各数字に○をつけ，その数字がそのまま得点になる．ただ，項目1，6，7，10，13，16，19については逆転項目となっており，与えられる得点は，1が4点，2が3点，3が2点，4が1点となる．大学生を標本にした標準的スコア分布ででは平均45.75（男45.89，女45.66）となっている．

3 あがりとパフォーマンス

あがってしまった状態ではよいパフォーマンスができないのは周知の事実であるが，どの程度の緊張や不安がパフォーマンスにプラスにはたらき，またマイナスにはたらくかという問題を正確に解答するのは難しい．そこには個人差が生じるからである．一般的には緊張が高すぎても，低すぎてもパフォーマンスは低下すると考えられている．図5-5は緊張の強さとパフォーマンスの関係を示したものである．

緊張の強さが低すぎる場合，気分が乗らず，あきらめや萎縮につながってし

表5-8　不安測定質問紙（STAI）の特性不安測定

◇特性不安測定項目（A-Trait）
記入前に：心の状態を表現する文章が下に記述してあります。その各文章について，ふだんはどの程度の状態か，該当する番号を○でかこんで下さい。あまり考える必要はありませんが，ふだんの気持ちを最もよく表現しているものに反応するよう心がけて下さい。

	決してそうではない	たまにそうである	しばしばそうである	いつもそうである
1. たのしい	1	2	3	4
2. 疲れやすい	1	2	3	4
3. 泣きだしたくなる	1	2	3	4
4. ほかの人と同じくらい幸せであったならと思う	1	2	3	4
5. すぐに決心がつかず迷いやすい	1	2	3	4
6. ゆったりした気持ちである	1	2	3	4
7. 平静・沈着でおちついている	1	2	3	4
8. 困難なことがかさなると圧倒されてしまう	1	2	3	4
9. 実際に大したこともないが気になってしかたがない	1	2	3	4
10. 幸せである	1	2	3	4
11. 物事を難しく考える傾向がある	1	2	3	4
12. 自信が欠如している	1	2	3	4
13. 安心している	1	2	3	4
14. やっかいなことは避けて通ろうとする	1	2	3	4
15. 憂うつである	1	2	3	4
16. 満足している	1	2	3	4
17. ささいなことに思いわずらう	1	2	3	4
18. ひどくがっかりしたときには気分転換ができない	1	2	3	4
19. 物に動じないほうである	1	2	3	4
20. 身近な問題を考えるとひどく緊張し混乱する	1	2	3	4

（『トップアスリーツのための心理学』同文書院 1993 p.44 より）

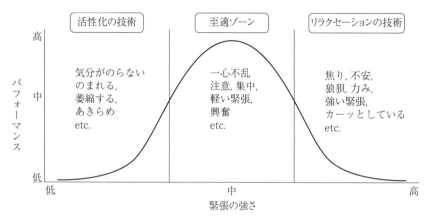

図5-5　緊張の強さとパフォーマンスの関係
『スポーツメンタルトレーニング教本』大修館書店 2005 p.118より）

まう。この場合は気持ちを活性化する技術が必要になってくる。逆に緊張が強すぎる場合，不安や力みすぎ，焦りすぎにつながってしまう。この場合はリラクセーションの技術が必要になってくる。そして心地よい緊張，軽い興奮，注意の集中といった自分にとって最適な緊張度のとき，最も素晴らしいパフォーマンス（ピークパフォーマンス）が発揮できると考えられている。

　緊張度を上げ，活性化する方法は，アクティベーションまたはサイキングアップと呼ばれ，(1)短く早い呼吸をくり返す，(2)簡単な身体運動をくり返す，(3)積極的なひとり言をいう，(4)最終目標を思い起こして再確認する，(5)アップビートの音楽を聴くなどがあげられる。リラクセーションをする方法とは，(1)吐く息を重視した腹式の深呼吸，(2)身体各部に力を入れ，脱力することをくり返す漸進的筋弛緩法，(3)重み，温かみのなどの感覚を自己暗示によって感じとる自律訓練法，(4)気持ちを落ち着かせる言葉を自分自身にいいきかせるなどがあげられる。これらの方法は普段から練習を行うことが大切で，自分で自分の情動をコントロールできるようにしておく必要がある。

● 参考文献
　日本スポーツ心理学会（編）『スポーツメンタルトレーニング教本〔改訂増補版〕』

大修館書店　2005
徳永幹雄（編著）『教養としてのスポーツ心理学』大修館書店　2005
上田雅夫（監修）『スポーツ心理学ハンドブック』実務教育出版　2000
市村操一（編著）『トップアスリーツのための心理学』同文書院　1993
松井三雄「スポーツマンのパーソナリティについて」体育の科学, 14(9), 503-506, 1964
中井忠男・秋山誠一郎「スポーツマンの適性について（性格について）」体育研究所紀要, 7(1), 49-62, 1967
Cox, R. E. *Sport Psychology-Concepts and Application-* (5th ed.), McGraw Hill, 2002.
徳永幹雄「運動経験と発育・発達に関する縦断的研究」健康科学, 3, 3-14, 1981
Schurr, K. T., Ashley, M. A. & Joy, K. L. "A multivariate analysis of variance of male athletic personality characteristics: Sport type and success." *Multivariate Experimental Clinical Research*, 3, 53-68, 1977.
安田昭子「Q38 個人的スポーツと集団的スポーツでは選手の性格特性にちがいがあるか」日本スポーツ心理学会・松田岩男（編）『スポーツ心理学Q&A』不昧堂出版　1984
市村操一「スポーツにおけるあがりの特性の因子分析的研究（I）」体育學研究, 9(2), 18-22, 1965
Sperling, A. "The relationship between personality adjustment and achievement in physical education activities." *Research Quarterly*, 13, 351-363, 1942.
船越正康「Q37 スポーツマンは，どんな性格だろうか」日本スポーツ心理学会・松田岩男（編）『スポーツ心理学Q&A』不昧堂出版　1984
松田岩男『現代スポーツ心理学』日本体育社　1967

トピックス5

競技中に動揺する場面

　スポーツでは，競技中に緊張しすぎて，注意力の欠如や，からだが思うように動かなくなる"あがり"が起こる。わが国では1964年の東京オリンピックに向けてメンタル面の強化が取り組まれるようになり，この"あがり"に対する研究がテーマの一つとしてあげられた。"あがり"の要因として，長田一臣（1971）は，(1)観衆，(2)試合の質，(3)勝敗に関する意識，(4)競争相手の質，(5)プレーへの自信をあげ，R.N.シンガー（1980）は，(1)試合についての経験不足や競争のストレス，(2)チームに対する責任，(3)観衆の存在などをあげている。また，稲垣安二（1959）は，(1)観衆が多いとき，(2)特別な人がみにきて応援しているとき，(3)勝負を意識したときなどをあげている。

　そこで佐々木史之（2008）は，体育専攻学生713名に対して，競技中，心理的に動揺する場面について調査を行った。その結果，「試合」「自己」「対戦相手」「味方」「審判・監督」「環境」の六つの要因に分類された（下表）。要因の占める割合をみると，全体の中で圧倒的に「試合」要因が多く，次に「自己」要因が多かった。その二つで全体の

競技中の心的動揺要因の分類

要因	内容
1. 試合	試合そのものにかかるプレッシャー，試合の流れなど
2. 自己	自分自身のミスやけが，試合経験のなさなど
3. 対戦相手	嫌がらせ，反則，好敵手など
4. 味方	チームワーク，先輩後輩関係など
5. 審判・監督	審判のジャッジ，監督・指導者のプレッシャーなど
6. 環境	天候，施設，観客など

佐々木史之ほか「競技中の心的動揺場面に関する研究」日本体育大学紀要38(1) 2008

80％以上になった．また，競技類型別で6要因の割合を比べると，個人スポーツで「自己」要因の割合が多い傾向がみられた．

さらに，競技者の多かったサッカー，硬式野球，バスケットボール，バレーボール，柔道，陸上長距離，ハンドボール，硬式テニス，バドミントン，体操競技，レスリング，相撲の12競技で特徴的な心理的動揺場面をあげると，以下のようになった．

サッカーでは，「試合終盤で相手に逆転されたとき」「大切なPKのとき」，硬式野球では，「大事な場面での打席のとき」「ピンチでの守備のとき」，バスケットボールでは，「試合終盤での攻防のとき」「大切なフリースローのとき」，バレーボールでは，「マッチポイントでのサーブのとき」「相手の連続ポイントのとき」，ハンドボールでは，「大事な場面でのシュートのとき」「接戦での試合終盤の攻防のとき」，硬式テニスでは，「相手のマッチポイントのとき」「勝敗がかかっているときのサーブのとき」，バドミントンでは「予想外の展開のとき」「接戦での試合終盤の攻防のとき」，柔道では，「不意の苦戦のとき」「試合終盤で相手に逆転されたとき」，レスリングでは，「団体の勝負をかけた試合のとき」「ミスをしたとき」，相撲では，「大事な試合のとき」，陸上長距離では，「予想外のレース展開のとき」，体操競技では，「ミスをしたとき」「1種目目のとき」などであった．

予想外の展開から心理的に動揺することによって，パフォーマンスにマイナスの影響を与えないように，普段の練習からあらゆる心的動揺場面を想定して練習することが望まれる．

6講 スポーツと動機づけ

　なぜ人はスポーツに夢中になるのか。一方で，スポーツはできるだけしないように避ける人もいる。あるいは，小さい頃から情熱を傾けて打ち込んでいたサッカー，最近なぜかやる気が起きない。ダイエットのためと思ってはじめたウォーキング，3日で終わってしまった。誰でも一度は経験したことがある「やる気」の問題。なぜこのような差が生まれてしまうのか。それらは動機づけと呼ばれる理論とのかかわりがある。動機づけとは「人間に行動を起こさせ，その行動を持続してある一定の方向に向かわせる心的な過程」と説明することができる。6講では，一般的に「やる気」や「意欲」と呼ばれる動機づけの理論をスポーツ場面から解説し，「やる気」を妨げる要因や促進する要因などを概観していく。

1節　やる気のきっかけ

　やる気のある状態とは，誰からも強制されず自らが進んで積極的・意欲的に何かに取り組んでいる状態だといえるだろう。スポーツにおいては，たとえば勝つためにどのような練習をすればよいのか，どのような作戦や戦術を選べばよいのかなどを指導者からの一方的な指示ではなく，自らが考え，練習メニューを組み，選手同士で作戦や戦術を考える選手などがやる気の高い選手であるといえよう。しかし，最初からやる気の高い選手はそういない。また途中でやる気を失ってしまう選手もいるだろう。
　杉原隆ら（1992）は中学生の運動部員を対象にして，やる気になったきっかけとやる気をなくしたきっかけを調査している（表6-1，表6-2）。その結果，やる気になったきっかけとして，ライバルには負けたくないと思ったときや記録の向上がみられたときなどがあがっている。それに対しやる気をなくしたきっかけとして，苦しい練習が続いたことや記録の低下，プレーの失敗など

表6-1　やる気になったきっかけ（杉原ら，1992）

学齢	順位	男子	順位	女子
小学校時代	1	ライバルだけには負けたくないと思ったのでやる気になった。(38.0%)	1	ライバルだけには負けたくないと思ったのでやる気になった。(38.0%)
	2	記録が向上したり，プレーがうまくできるようになったのでやる気になった。(9.9%)	2	将来よいスポーツ指導者になりたいと思ったのでやる気になった。(7.7%)
	3	ライバルと互いに競争することによって，うまくなれると思ったのでやる気になった。(5.6%)	3	チームメイトと心が通じあい，一体となったと感じたのでやる気になった。(5.8%)
	4	健康や体力づくりに役立つと感じたのでやる気になった。(4.2%)		指導者から認められたり，ほめられたのでやる気になった。(5.8%)
		チームメイトと心が通じあい，一体となったと感じたのでやる気になった。(4.2%) (N = 71)		あこがれていた有名選手のようにいいプレーがしたくてやる気になった。(5.8%) (N = 52)
中学校時代	1	ライバルだけには負けたくないと思ったのでやる気になった。(32.0%)	1	ライバルだけには負けたくないと思ったのでやる気になった。(32.7%)
	2	記録が向上したり，プレーがうまくできるようになったのでやる気になった。(9.0%)	2	ライバルと互いに競争することによって，うまくなれると思ったのでやる気になった。(9.1%)
	3	ほかのスポーツにはない，そのスポーツだけが持つ楽しさを味わいたくてやる気になった。(6.2%)	3	チームメイトと心が通じあい，一体となったと感じたのでやる気になった。(9.1%)
	4	自分がどこまでやれるか可能性をためしたいと思ったのでやる気になった。(5.1%)	4	自分がどこまでやれるか可能性をためしたいと思ったのでやる気になった。(8.2%)
		ライバルと互いに競争することによって，うまくなれると思ったのでやる気になった。(5.6%) (N = 178)	5	友達の温かいはげましを受けたのでやる気になった。(7.3%) (N = 110)

（『平成3年度日本オリンピック委員会スポーツ医・科学研究報告 No.Ⅵ スポーツタレント発掘方法に関する研究』日本体育協会 1992 より）

があがっている。これらは，選手が日常的に体験することであり，いいかえれば，やる気のきっかけは，その人のすぐ横に転がっているということである。

表6-2 やる気をなくしたきっかけ（杉原ら，1992）

学齢	順位	男子	順位	女子
小学校時代	1	苦しい練習が続いたのでやる気をなくした。(14.4%)	1	苦しい練習が続いたのでやる気をなくした。(15.3%)
	2	記録が低下したり，プレーの失敗が続いたのでやる気をなくした。(9.6%)		絶対に負けたくないライバルに負けたのでやる気をなくした。(15.3%)
	3	満足のゆく記録がでなかったり，プレーができなかったのでやる気をなくした。(8.2%)	3	記録が低下したり，プレーの失敗が続いたのでやる気をなくした。(11.9%)
	4	チームのまとまりがなく，バラバラであると感じたのでやる気をなくした。(5.5%)		チームのまとまりがなく，バラバラであると感じたのでやる気をなくした。(11.9%)
		両親に認められなかったり，けなされたのでやる気をなくした。(5.5%) (N = 146)	5	指導者に認められなかったり，けなされたのでやる気をなくした。(10.2%) (N = 59)
中学校時代	1	苦しい練習が続いたのでやる気をなくした。(18.4%)	1	記録が低下したり，プレーの失敗が続いたのでやる気をなくした。(17.6%)
	2	満足のゆく記録がでなかったり，プレーができなかったのでやる気をなくした。(10.5%)	2	苦しい練習が続いたのでやる気をなくした。(15.3%)
	3	記録が低下したり，プレーの失敗が続いたのでやる気をなくした。(9.2%)	3	満足のゆく記録がでなかったり，プレーができなかったのでやる気をなくした。(9.4%)
	4	健康を害したり大きなけがをしたのでやる気をなくした。(6.6%)	4	指導者に認められなかったり，けなされたのでやる気をなくした。(8.2%)
	5	練習や試合で不安や恐怖を感じたのでやる気をなくした。(5.3%) (N = 76)		練習や試合で不安や恐怖を感じたのでやる気をなくした。(8.2%) (N = 85)

（『平成3年度日本オリンピック委員会スポーツ医・科学研究報告 No.Ⅵ スポーツタレント発掘方法に関する研究』日本体育協会1992より）

2節　動機づけのメカニズム

1　外発的・内発的動機づけ

前述したように，動機づけとは「人間に行動を起こさせ，その行動を持続してある一定の方向に向かわせる心的な過程」である。つまり，ある一定の方向に向かわせるための何らかの刺激が必要となる。刺激を説明するものに外発的動機づけと内発的動機づけがある（図6-1）。

外発的動機づけとは，指導者からほめられたり，まわりから注目されたり，賞金をもらったりすることによる動機づけである。これによる行動は，「行動することが目的を得るための手段になっている行動」（青柳肇, 2004）とされる。この場合，目的が達成されるとやる気が低下しやすい。また，指導者からあまりほめられなくなったり，誰からも注目されなくなったり，試合に出ても賞金が出ない状況においても，自発的に行動を起こしづらくなる。

内発的動機づけとは，新しい技に挑戦することや，純粋に楽しいから身体を動かすなど，自身の本来備わっている興味や達成感によってもたらされる動機づけである。これによる行動は，「行動することそのものが目的になる行動」（青柳, 2004）とされる。内発的に動機づけられている選手は，トレーニングそのものが楽しいから自律的にメニューを考えたりできる状態であるといえ，質の高い行動が継続するといわれている。

以上のように，スポーツや運動を継続的に実施し，質の高い練習を自律的に行うには，外発的動機づけは妨げになると思われがちである。しかし，速水敏

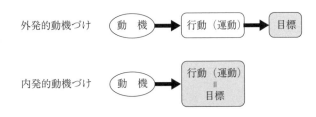

図6-1　外発的動機づけと内発的動機づけにおける概念モデル
（『運動指導の心理学』大修館書店　2003より）

彦（1998）によれば，外発的動機づけの経験が自己に浸透し，それが自己価値や態度となって内発的動機づけを生じているのであり，外発的動機づけは決して妨げになるものではなく，むしろ内発的動機づけと連続した動機づけであるという。

2 自己決定理論

外発的動機づけと内発的動機づけを連続体としてとらえることによって，外発的動機づけの中でも好ましいとされる動機づけがあることを示した理論に，デシとライアン（2002）が提唱した自己決定理論（図6-2）がある。デシらは，外発的動機づけは他律的であることに加え，自律的な要素も含まれると考えた。たとえば，「運動能力を高めたいからスポーツをしている」という動機は，外発的ではあるが非常に自律的な行動要素を含んでいる。この理論は，動機づけを非自律的（非自己決定的）から自律的（自己決定的）までの段階に分類し，自律性が高い段階へと進むにつれ，行動に価値を見出し，意欲的になっていくことを説明しているものである。

図6-2をスポーツに置き換えてみてみると，非動機づけである「調整なし」は，なぜスポーツをしているかわからない，スポーツをする意味がわからないなど行動の意図がない状態である。

次に外発的動機づけの中で最も自律性の低い「外的調整」は，コーチに怒ら

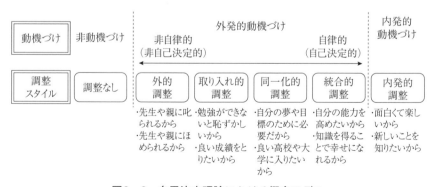

図6-2 自己決定理論における概念モデル
（『行動を起こし，持続する力』新曜社 2011より）

れたくないから練習をする，友人に誘われて仕方なく部活に入ったなどスポーツをすることに価値を認めておらず，「外的」な圧力（賞罰：つまりはアメとムチ）によって行動する状態である。

　外的調整より動機づけが一歩進んだ段階の「取り入れ的調整」は，この技ができないとはずかしいから，朝練に出ないと罪悪感があるからなど不安を避けるために行動する状態である。行動の価値が「取り入れ」られているが，義務感が強いため行動が消極的である。

　さらに動機づけが一歩進んだ段階の「同一化（同一視）的調整」は，スポーツをしているのは自分の夢のためだから，よい競技成績ならよい大学に入れるからなど目的のために行動している状態である。自分の価値と目的の価値が「同一化」されており，この段階から行動が自律的となってくる。

　そして外発的動機づけの中でも最も自律性の高い段階である「統合的調整」は，自分の筋力を高めたいから，最先端のトレーニング知識を得ることで幸せに感じるからなど自然とその行動を最優先している状態である。たとえ自分の中に他の欲求や価値があったとしても，それらをすべて「統合」しているため葛藤がなく，自分が「やりたいから」行動している状態である。

　そして内発的動機づけである「内発的調整」は，スポーツそのものが楽しいから，トレーニング中はそれだけに集中できるからなど行動自体が目的となっている状態である。

　このように，スポーツをすることにはスポーツに対するさまざまな自己決定が関与していることがわかる。最初から内発的動機づけでスポーツをすることが好ましいが，日々の練習における動機づけには外発的な要因がたくさんある。指導者は，選手の動機づけの所在を自己決定理論を用いることで明らかにし，内発的動機づけへと導く判断材料とすることも可能である。

3　学習性無力感

　自己決定理論では，外発的動機づけにおいても好ましい動機づけが存在し，それを効果的に指導に活用することが好ましいと説明した。しかしときには，選手の動機づけが自律的であったとしても，何度やっても試合に負けたり，記録が向上しなかったり，まわりに認めてもらえなかったりする場面に遭遇する。

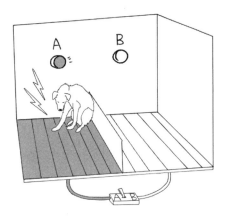

図6−3　セリグマンとマイヤーによる学習性無力感の実験

すぐに状況が改善されればよいのだが，何度も同じ場面に遭遇するとやる気も失ってくる。このような状況からすぐに立ち直る選手もいれば，そうでない選手もいる。なぜなのだろうか。これらの現象を説明する実験がある。

セリグマンとマイヤー（1967）は実験において，逃避が不可能な状態にした犬に対し，電気ショックを与え続けた。次に逃避が可能な状態にして再び電気ショックを与えた。すると犬は逃避が可能な状態にもかかわらず，その場にうずくまってショックに耐え続けていた（図6−3）。これは，自分の力ではどうしようもできないような無力感を学習すると，行動しようとしなくなることを意味し，学習性無力感と呼ばれる。

スポーツ場面においても同様で，子どもたちが運動嫌いになった理由として恐怖に関するものや能力に関するものが杉原（1988）によって報告されている（図6−4，図6−5）。特に能力に関するものには，練習をしてもうまくならない，いつも失敗するなど自分の能力のなさが原因であると学習をしてしまうと，学習性無力感の状態となりやる気がなくなる原因となる。

4　原因帰属理論

セリグマンは先ほどの犬を使った実験に似たような実験を人間を対象に行っている。この実験では大音響が鳴る部屋でボタンを押すことで音が止まる逃避

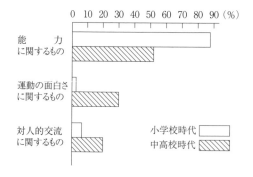

図6-4 運動が好きになったきっかけ
(『スポーツの心理学』福村出版 1988 より)

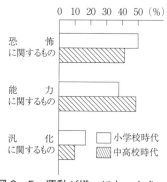

図6-5 運動が嫌いになったきっかけ
(『スポーツの心理学』福村出版 1988 より)

可能群と，ボタンを押しても音が止まらない逃避不可能群が設定された。その結果，逃避不可能群の3分の2は学習性無力感の状態となったのだが，残りの3分の1は学習性無力感の状態にはならなかったのである。すなわち音響を止めることをあきらめた人もいれば，あきらめなかった人もいたのである。そのような個人差はなぜ生まれるのか。そこには，個人の認知がかかわっている。つまり，うまくいかない原因のとらえ方によって説明ができる。それらを説明する理論の一つにワイナー（1972）の原因帰属理論がある。

試合に負けたのはなぜか，記録が向上しないのはなぜか。その日の体調が悪かっただけなのか，能力の限界なのか。選手は起こったできごとに対して，その原因を何かに帰属（～のせいにすること）しようとする。この帰属の仕方がやる気や行動に大きく関与するとされており，ワイナーは原因帰属を原因の所在次元と安定性次元の2次元4要素（表6－3）に分類している。

原因の所在次元は内的要因（原因は自分自身）と外的要因（原因は自分以外）であり，安定性次元には安定的要因（安定している原因）と変動的要因（常に変化する原因）がある。これらの組み合わせによって4パターンの原因帰属が考えられている。たとえば，試合に負けたのは自分の運動能力がなく努力しても無駄だとすれば，原因を自分自身（内的要因）に求め，その原因である運動能力は努力しても変化しないと認識している（安定的要因）ため，「能

表6-3　原因帰属における2次元4要素

		安定性次元	
		安定的	変動的
原因の所在次元	内的	能力要素	努力要素
	外的	課題の困難さ要素	運要素

(『行動を起こし，持続する力』新曜社 2011 より筆者改変)

力」がないという帰属タイプとなる。このタイプは能力は自分の力では変えられないと感じているため，次の試合もどうせ負けるだろうと思い，やる気が失われていく。前述した杉原（図6-4，図6-5）の報告にもあるように，原因を能力に帰属すると，どうせ何度やっても無理という感情喚起が，運動嫌いへとつながる。

　しかし，試合に負けたのは練習不足だったからだとすれば，原因は自分自身（内的要因）であり，その原因である練習不足は練習をすることによって状況を変えられる（変動的要因）ため，「努力」が足りなかったという帰属タイプとなる。このタイプは努力すれば勝てると認識しているため，練習のやる気につながる。

　ただし，原因を「努力」要素に帰属すればやる気が高まるのかといえば，そうではない。努力の仕方がわからなければ意味がないのである。つまり，どのような練習をすればよいのかを明確にしなければ練習へのやる気が低下してしまうことがあるため，注意が必要である。

3節　動機づけとパフォーマンス

　2節では，人間の動機づけはどのようなメカニズムになっているのかを，さまざまな理論を用いながら説明していった。3節では動機づけが高い（もしくは低い）ことがパフォーマンスにどう影響するのかを解説していく。

1　称賛とパフォーマンス

　コーチやまわりの選手から称賛されることによって気持ちがよくなり，自信

もつき，練習への動機づけが高まることは経験的に知られていることである。称賛は承認動機（社会に認められたいという動機）という社会的動機の一つであり，外発的動機づけである。練習への動機づけが高まることによって練習の質も高まり，結果としてパフォーマンスの向上につながることが一般的に考えられる。では，称賛されることがパフォーマンスの向上に本当につながるのだろうか。

　ミューラーら（1998）は，称賛がテストの結果にどのような影響を及ぼすか実験的に検討している。3グループに分けられた子どもたちに，知能検査のようなテストを行い，初回のテスト終了後，グループ1には頭がよいからよい点数が取れたなどの「能力」を称賛し，グループ2には一生懸命がんばったからよい点が取れたなど「努力」を称賛し，グループ3には何の称賛も与えなかった。その後初回と同じレベルのテストを行った結果，図6-6のように努力を称賛された子どもはテストの得点が上がり，能力を称賛された子どもは得点が下がった。この実験は，称賛の仕方によってはパフォーマンスを低下させてしまいかねないことを示しており，特に原因帰属が能力であった場合，失敗したら能力を否定されるという思いから動機づけが低下しやすい。逆に，原因帰属が努力であった場合，失敗したとしても努力すれば成功すると感じているため動機づけが低下することはなくなる。

　つまり，コーチが選手を称賛するとき，選手の努力を称賛すればさらに努力を惜しまなくなりパフォーマンスの向上につながる。しかし選手の能力を称賛すれば選手は能力を否定された

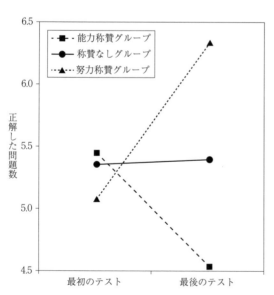

図6-6　グループにおけるテストの成績
（『行動を起こし，持続するちから』新曜社 2011 より）

くないため失敗を恐れるようになり，動機づけの低下からパフォーマンスも低下しかねないのである。

2 目標とパフォーマンス

　動機づけの重要な要素に「努力」があることはわかった。しかし，その努力の方法が明確でない場合，漠然としたイメージはむしろ動機づけを低下させる。つまり何のための練習なのか，今日の練習は何をするのかなど目標を明確にする必要がある。

　杉原ら（1976）は立ち幅跳びを課題として，目標の水準とパフォーマンス（ここでは跳躍距離）との関係を検討している（図6－7）。その結果，自分の跳べる最大跳躍距離の110％を目標にして跳んだときが最もパフォーマンスがよく，120％を目標，130％を目標，100％を目標とするにつれて悪くなっていった。さらに最もパフォーマンスが悪かったのが，目標を設定していない場合であった。

　つまり，練習においても明確な目標（特に数値化できること）を掲げることによって，具体的な行動を起こしやすくなり，練習の質が上がりパフォーマンス向上につながっていく。しかし，高すぎたり低すぎる目標は逆にパフォーマンスを低下させてしまうのである。

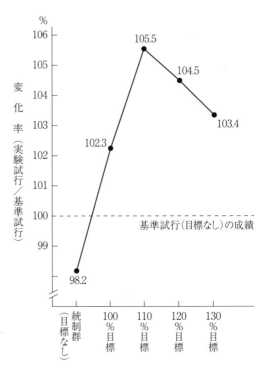

図6－7　立ち幅跳びの成績に及ぼす目標の効果
（『運動心理学入門』大修館書店　1976より）

4節　動機づけを高めるための目標設定

　練習へのやる気を保つのは非常に難しい。4節では，動機づけを高めることに関連する目標設定理論を用いながら，スポーツ場面においてそれらをどのように応用していけばよいのかを解説していきたい。

　目標の水準とパフォーマンスにはかかわりがあり，目標が最適な水準であるとパフォーマンスが高くなることは3節で紹介した。以下では具体的かつ効果的な目標設定の方法を紹介していく。

1　主観的目標と客観的目標

　まず目標設定とは，活動のねらいや目的（石井源信，1998）とされており，主観的目標と客観的目標とに分けられる。

　主観的目標は，「朝練するために早く寝る」「大会でよい成績を取る」などであり，客観的目標は，「朝練するために夜10時までに寝る」「大会で記録を1秒縮める」などである。

　客観的目標は，順位やタイム，勝利など結果を目標とした結果目標と，結果を得るための具体的な行動を目標とする行動目標に分けられる。

　結果目標は「大会で優勝する」「対戦相手に勝つ」など結果を重視した目標である。この目標は，結果そのものを目標設定とするため，対戦相手や天候など外的要因から影響を受けやすい。つまりいくら努力をしても対戦相手が上回っていたときや，試合当日の悪天候などの場合は，目標が達成できない可能性がある。これは自分ではコントロールすることができないため，それまでの努力が否定され動機づけの低下をまねきやすい。

　一方，行動目標を設定した場合は，結果に到達するための行動（努力など）を目標とするため外的要因にかかわりなく自分でコントロールすることができる。努力によって能力が向上したかどうかに意識が向けられるため，目標が達成できなかった場合でも行動の修正ができるので動機づけが保てる。また自分が努力によって進歩した場合，有能感（自分自身の努力によって環境を変化させたときの喜びや満足感）を得られやすいことも重要な要素である。

2 長期目標・中期目標・短期目標を立てる

　行動目標は結果に到達するための行動を目標とする。そのためには，最終目標としての長期目標と段階的な中期・短期目標を最初に設定する必要がある（徳永幹雄，2005）。たとえば「オリンピック選手に選ばれる」を長期目標として設定した場合，長期目標を達成するためには，「2018年までに世界選手権で優勝する」「2017年までにインターハイで優勝する」など，いつまでにどのような達成をしていけばよいのかを中期的目標として考える。そして目標設定の経過をより詳細に確認することが可能な短期目標を設定していく（表6-4）。

　また，これらの目標設定のガイドラインとして，困難ではあるが現実的な目標を掲げることや，積極的な目標を掲げること，目標達成のためのサポートを準備することなどがグールドによってあげられている（表6-5）。

表6-4　目標の設定例

1. 目標設定

長期的目標		オリンピック選手に選ばれる
中期的目標		2018年までに世界選手権で優勝する
短期的目標	今年の目標	記録を2秒縮める
	今月の目標	練習メニューを見直す

2. 目標の評価（例：半年後の評価）

長期的目標		オリンピック選手に選ばれる
評価		適切だと思う
中期的目標		2018年までに世界選手権で優勝する
評価		現在のコンディションだと難しい
短期的目標	今年の目標	記録を2秒縮める
	評価	現在のコンディションだと難しい

3. 目標の修正

長期的目標		オリンピック選手に選ばれる
修正目標		修正の必要なし
中期的目標		2018年までに世界選手権で優勝する
修正目標		2019年までに世界選手権で優勝する
短期的目標	今年の目標	記録を2秒縮める
	修正目標	記録を1.5秒縮める

表6-5 目標設定のガイドライン

1. 記録的・行動的表現による特別な目標。
2. 困難ではあるが，現実的な目標。
3. 長期的目標だけでなく，短期的目標。
4. 結果の目標ではなく，パフォーマンスの目標。
5. 練習や競技のための目標。
6. 消極的目標ではなく，積極的目標。
7. 目標達成の日付を明確にする。
8. 目標達成の方法を明確にする。
9. 明確にされた目標を掲示する。
10. 目標達成の評価法をつくる。
11. 目標達成のためのサポートを準備する。

(『教養としてのスポーツ心理学』大修館書店 2005 より)

3 目標の評価と修正

目標への経過が予定どおり進んでいないとき，「評価」と「修正」が重要な意味をもつ。カプラン (1999) によれば，評価は目標への達成度を再確認するために必要であり，その評価によって短期目標を修正するか否かを決定することが勧められている。ただし，最初に掲げた長期目標そのものに魅力を感じていなければ修正の意味がない。もし魅力を感じていないのであれば，長期目標を再設定しなければならない（表6-4の2, 3）。

●参考文献

杉原隆ほか「『やる気になったとき』と『やる気をなくしたとき』の競技動機の分析」『平成3年度日本オリンピック委員会スポーツ医・科学研究報告 No. Ⅵ スポーツタレントの発掘方法に関する研究』日本体育協会 1992

杉原隆『運動指導の心理学』大修館書店　2003

青柳肇「モチベーション」杉山憲司・青柳肇（編著）『ヒューマンサイエンス 心理学的アプローチ』ナカニシヤ出版　2004

速水敏彦『自己形成の心理』金子書房　1998

外山美樹『行動を起こし，持続する力』新曜社　2011

Deci, E. L. & Ryan, R. M. *Handbook of self-determination research.* The University of Rochester Press, 2002.

杉原隆・小橋川久光「スポーツに対する好みと興味」末利博・鷹野健次・柏原健

三（編著）『スポーツの心理学（応用心理学講座）』福村出版　1988

Weiner, B. *Theories of motivation from mechanism to cognition.* Rand McNally, 1972.

Mueller, C. M. & Dweck, C. S. "Praise for intelligence can undermine children's motivation and performance." *Journal of personality and social psychology,* 75, 33-52, 1998.

杉原隆・海野孝「運動心理学研究の実際」松田岩男（編著）『運動心理学入門』大修館書店　1976

石井源信「目標設定の意義」体育の科学, 48, 358-361, 1998

徳永幹雄「『やる気』はどのようにして高めればよいか」徳永幹雄（編著）『教養としてのスポーツ心理学』大修館書店　2005

フィル・カプラン『ウイダー・メンタル・コンディショニング・バイブル』森永スポーツ＆フィットネスリサーチセンター　1999

Seligman, M. E. & Maier, S. F. "Failure to escape traumatic shock." *Journal of Experimental Psychology,* 74(1), 1-9, 1967.

トピックス6

プロスポーツ選手の目標設定

　プロ野球のイチロー選手（現ニューヨークヤンキース），プロゴルファーの石川遼選手（現CASIO），プロサッカーの本田圭佑選手（現ACミラン），この3人に共通するものは何だろうか。それはたぐいまれな才能ばかりではない，明確すぎるほどの目標設定を行っていることだ。しかも小学校のときに書いた卒業文集において，すでに明確な目標を掲げている。

イチロー選手
　僕の夢は一流のプロ野球選手になることです。そのためには中学，高校と全国大会に出て活躍しなければなりません。活躍できるようになるためには練習が必要です。ぼくは3歳の時から始めています。（中略）365日中で360日は激しい練習をやっています。一週間中で友達と遊べる時間は5～6時間です。そんなに練習をしているのだから，必ずプロ野球選手になれると思います。[1]

石川遼選手
　二年後…中学二年生，日本アマチュア選手権出場。
　三年後…中学三年生，日本アマチュア選手権（日本アマ）ベスト8。
　四年後…高校一年生，日本アマ優勝，プロのトーナメントでも勝つ。
　六年後…高校三年生，日本で一番大きいトーナメント，日本オープン優勝。
　八年後…二十歳，アメリカに行って世界一大きいトーナメント，マスターズ優勝。
　これを目標にしてがんばります。最後のマスターズ優勝はぼくの夢です。それも二回勝ちたいです。みんな（ライバル）の夢もぼくと同じだと思います。でも，ぼくは二回勝ちたいので，みんなの倍の練習が必要です。
　みんなが一生懸命練習をしているなら，ぼくはその二倍，一生懸命練習をやらないとだめです。ぼくはプロゴルファーになって全くの無名だったら，「もっとあのときにこうしていれば…」とか後悔しないようにゴルフを

やっていこうと思います。(中略)
　ぼくの将来の夢はプロゴルファーの世界一だけど，世界一強くて，世界一好かれる選手になりたいです。[2]

本田圭佑選手
　ぼくは大人になったら　世界一のサッカー選手になりたいと言うよりなる。世界一になるには　世界一練習しないとダメだ。だから今ぼくはガンバッている。今はヘタだけれどもガンバッて　必ず世界一になる。
　そして　世界一になったら　大金持ちになって親孝行する。
　Wカップで有名になって　ぼくは外国から呼ばれて　ヨーロッパのセリエAに入団します。そして　レギュラーになって　10番で活躍します。(中略)
　一方　世界中のみんなが注目し　世界中で一番さわぐ　4年に一度のWカップに出場します。セリエAで活躍しているぼくは　日本に帰り　ミーティングをし　10番をもらってチームの看板です。ブラジルと決勝戦をし　2対1でブラジルを破りたいです。この得点も兄と力を合わせ　世界の強ごうをうまくかわし　いいパスをだし合って得点を入れることがぼくの夢です。[3]

　目標設定の効果は決して即時的なものではなく，計画的な目標ほど長い時間を要する。選手や指導者は早い段階から目標設定の重要性に気づき実行することによって，動機づけを高め，その結果パフォーマンス向上へとつながるのではないだろうか。

出典
1) 尾鷲市教育長だより「共創・共育・共感」2013年5月1日第25号　http://www. city.owase.lg.jp/cmsfiles/contents/0000009/.../img-501112151.pdf（2014年3月現在）
2) exciteニュース 2012年2月3日「『目標の明確化』イチローの作文に続き，石川遼の小学生の時の作文がIT業界で話題に」http://www.excite.co.jp/News/net_clm/20120203/ Appgiga_12557.html（2014年3月現在）
3) msn産経ニュース 2014年1月9日「『本田だけが予測していた』セリエAで10番　小学校の卒業文集，ミラノで現実に」http://sankei.jp.msn.com/west/west_sports/photos/140109/wsp14010908510001-p1.htm（2014年3月現在）

7講 スポーツと社会心理学

　1970年代から進められてきた日本の情報化いわゆるIT革命は，社会に大きな影響を与えた。1990年代に入ると，PC（パーソナルコンピュータ）の機能が向上し，高性能・低価格の製品の購入が可能となり，情報化社会の波が一気に押し寄せた。2000年代では，ブロードバンドの参入により，ITの発展は加速し一般社会においても，情報が電気や石油などと同じような価値をもつ資源となった。それは，経済や労働さらには人間関係の形態にも影響を及ぼしてきた。その結果，コミュニケーション，アイデンティティ，リーダーシップそして社会的スキルなどに問題が起こってきていることも事実である。

　社会心理学とは，人間の社会行動を理解するための学問である。人間の思考や行動は，個人としての立場と集団の中での立場では明らかに違ったものになることが知られているが，社会心理学は，こういった思考や行動が生起する原因について，集団を構成するメンバーの性格や気質などに着目して研究をすることを目的としている。ここでは，スポーツを社会心理学の視点から説明することにする。

1節　スポーツ集団について

1　スポーツ集団

　一般的に，競技スポーツは個人競技と団体競技に分類される。個人競技とは，テニス，バドミントン，卓球，水泳，陸上，レスリングなどで，ダブルスやリレーなどはあるにせよ，個人の能力を競い合うものである。そして，団体競技とは野球，バレーボール，ラグビー，サッカーといったチームが競い合うものである。どちらの種目を好むのかは個人の身体的，心理的特性によって影響されるが，いずれにしても，個人競技，団体競技にかかわらず個人がスポーツをするためには，それらの集団や組織に所属しなければならない。

人間は社会的動物であり，他の動物と違って，力の弱い人間が生き延びるためには，集団の中で助け合い共同生活しなければならなかった。つまり，人間にとって集団に適応するための社会性が必要不可欠であり生き延びる術だったのである。

　それでは，我々がスポーツをするためには，どのようなスポーツ集団に属さなければならないのであろうか。遠藤俊郎ら（2012）によれば，わが国におけるスポーツ活動には，小学校，中学校，高等学校，大学にある運動部としてのスポーツ組織，民間のスポーツクラブ（テニス，サッカー，水泳など）や実業団チーム，そして地域の有志が集まった同好会などがある。そして，それらは，スポーツ種目や目的は違えどもスポーツをすることを目的として集まったグループといった観点から鑑みれば，「スポーツ集団」といってよいと述べている。また，大段員美ら（1972）は，スポーツ集団とは「成員間にスポーツをするという共通目標や，そのための規範やわれわれ意識があり，成員間にある程度安定した相互作用が継続するような社会的単位」として定義されており，個人競技であれ集団競技であれ，上記の条件を満たしているものであれば「スポーツ集団」と認めてよいと報告している。このように，個人の欲求充足の実現を中心とした社会関係締結の原理は，お互いの意見を尊重して合意するいわゆる「契約」にもとづいているのである。日本的スポーツ集団に着目してみると，こういった契約の基本には，対人関係を重視した「和」の概念があるのかもしれない。郷土や学校および国などを代表するオリンピック，ワールドカップ，高校野球そして国体などの集団は，これらスポーツ集団の典型であると思われる。

2　スポーツ集団における競争と協同

　スポーツ競技の目的は，フェアープレーの精神にのっとって，対戦相手やチームと正々堂々と競い合う事である。

　テニスのジュニア選手を育成するためのチームである，「修造チャレンジ」のスーパーバイザー兼コーチのボブ・ブレッド氏は，これまで数多くのグランドスラム（全豪・全仏・全英・全米）チャンピオンを育ててきた。ボブ・ブレッド氏は，世界に通じるテニス選手を育てるために大切なことは，選手に対し

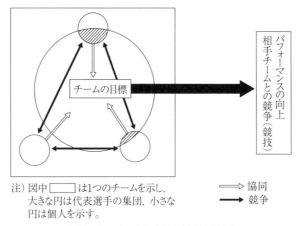

図7-1 チームにおける競争と協同
(『講座現代のスポーツ科学8 スポーツと競技の心理〔第4版〕』大修館書店 1986)

て試合でも練習場面でも常に競い合いの場を提供することであり、加えて、競争相手としてふさわしい競技レベルの選手(ライバル)の存在が不可欠であると述べている。こういった競い合いは、集団競技においては、レギュラーのポジション争い、個人競技では、チーム内ランキングの競い合いとして行われ、気の抜けない真剣勝負によって、高いモチベーションを維持することができる。このように、チーム内においては、お互いがライバルとなり、火花が散るような競争をするわけだが、一方、対外試合においては、これまでしのぎを削ってきたライバル同士が味方となり、パートナーのミスを補ったり、互いに励まし合ったりしながら、協力して勝利を目指すのである。このような、メンバー同士の相互的な協力を「協同」といい、パフォーマンス発揮のための大きな要素と考えられている。

図7-1は賀川昌明(1986)によるチームにおける競争と協同について示したものであるが、チームでは競争と協同がいかに大切であるか理解できる。

2節　スポーツ集団における凝集性

スポーツ集団にはそれぞれ目標がある。たとえばナショナルチームでは、国の代表として世界トップの座を得るために全力を尽くすことが使命であろう。

大学生の体育会のチームであれば，ライバルの○×大学から勝利して，全日本学生選手権で優勝するとか，高校生であれば全国高校選手権大会で優勝することが目標になりうる。また，同好会や愛好会であれば，勝利を第一の目的とするのでなく，スポーツを通じて，仲間との交流を促進させてよい人間関係を築いたり健康の維持増進を主目的とするなどスポーツの目的・目標はさまざまである。いずれにしても，集団の目標が達成できるかどうかは，個人の体力や技術そして精神力の水準に加えて，メンバー同士の相互理解などといった，いわゆる「まとまり」がキーとなる。たとえば，個々の実力は，勝つために必要な水準に達していたとしても，メンバーの思いがバラバラでまとまりのないチームだとしたら，それぞれの気持ちがかみ合わない状態で試合は終わってしまうのではないだろうか。

集団のまとまりのことを「凝集性」といい，集団の目標や活動に対しての魅力やメンバーの魅力との関係が大きな影響を及ぼすことがわかってきた。

阿江恵美子は，スポーツ集団の凝集性について研究した結果，「対人魅力の凝集性」と「所属・課題による凝集性」の2要因を抽出している。対人魅力による凝集とは，人柄にひかれる，仲間としてとっつきやすい，その人といると楽しいなどといったメンバーの魅力に起因するものであり，所属・課題による凝集とは，チームそのものに何らかの魅力があり，その集団のメンバーであることに価値を見出す，あるいは試合で勝つことに価値を見出すことによるものである。

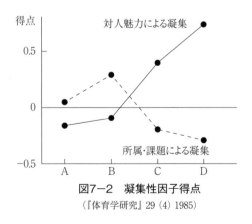

図7−2　凝集性因子得点
(『体育学研究』29 (4) 1985)

図7-2は，バレーボールチームを対象とした調査結果である。調査対象のチームを全国大会での優勝を目指すか否かを基準として，競技志向とレクリエーション志向に分類した。そこで，集団（A：実業団，B：学生チーム，C：同好クラブ，D：ママさんバレーチーム）の志向とこれら二つの凝集性要因との関係を分析した結果，A，Bは競技志向，C，Dはレクリエーション志向ととらえることができた。レクリエーション志向では，対人魅力による凝集性が大きいが，競技志向性と比較すると，所属・課題による凝集性が小さくなっている。逆に，競技志向では所属・課題による凝集性が大きく対人魅力による凝集性は小さいという結果であった。

3節　スポーツ集団のモラール

　試合では練習の成果を十分に発揮することが大切である。しかし，本番で実力を十分に発揮することはそう簡単ではなく，日頃の練習内容や選手達の「モラール（士気）」が影響することがわかってきた。士気とは，その集団が醸し

表7-1　モラール調査の基準と項目

基　　準	項　　目
部員と部との関係	1. 役割意識
部内の人間関係	2. 部内の協力 3. 上級生と下級生の関係 4. キャプテン・マネージャーと部員との関係 5. 監督・コーチ等と部員の関係 6. 部内の親和
部の集団機能	7. 運営に対する信頼 8. 部の管理運営 9. 指導者の指導能力 10. 部の練習能率 11. 意志の疎通
個人的満足感	12. 承認の満足感 13. 運動部との一体感 14. 運動部と個人との目標の一致度 15. 個人的要求の満足感 16. 試合に出る機会

（『体育学研究』12（2）1968）

出す雰囲気やムードであり，やる気，楽しさ，協力性などを指す。

表7-1は，竹村昭らが運動部におけるモラール調査の基準と項目について示したものである。モラールが低くなる原因としては，部の運営方針とメンバー個々の要求などに大きな隔たり，部内でのメンバー同士の争い，そして指導者とメンバーとの意見の食い違いなどがあげられる。こういった原因を解決してこそ，士気が高く，やる気に満ちあふれたチームができあがるのである。

4節　チームの向上と改善

1　リーダーシップ

スポーツ集団には，指導的立場に立つ者がいる。監督，コーチ，キャプテン，マネジャー，トレーナー，アナリストなどチームの運営には欠かせない存在である。彼らの役割は，目標を達成するためにチームをまとめて導いていくことである。

研究者の三隅二不二は，リーダーシップのはたらきは，課題達成機能，(Performance機能：P機能) と集団維持機能 (Maintenance機能：M機能) の2次元に展開されると述べている。

このリーダーシップ理論にもとづき，大学生の体育会系サークルを対象とし

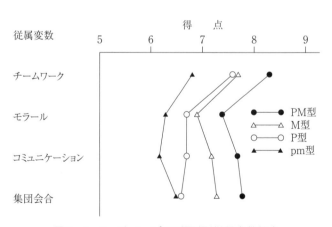

図7-3　リーダーシップPM類型別従属変数得点
(『リーダーシップ行動の科学』有斐閣 1978)

てチーム状態とリーダーのはたらきかけとの関係について調べた研究を紹介する（図7-3）。この研究における測定項目は，前述した課題達成機能（P得点）と集団維持機能（M得点）の2尺度から構成されている。そして，全体の平均を基準に各チームのリーダーシップの型をPM型（P機能大，M機能大），P型（P機能大，M機能小），M型（M機能大，P機能小），pm型（P機能小，M機能小）の四つに分類し，チームワーク，モラール，コミュニケーション，集団会合などの状態を測定した結果，勝利との関係は，PM型，M型，P型，pm型の順番となっている。

　チームが試合で勝利するためには，課題を解決していくための方法や計画そして行動をチームのメンバーに理解させていかなければならない。そのためには，リーダーにはメンバーから信頼されるための指導力や統率力が必要となるであろう。集団の機能を十分発揮していくためには，実際にプレーするプレーヤーだけでなく，チームを縁の下で支えているメンバーにもしっかりと目を向け，励まし，認めることのできるリーダーの存在が不可欠である。

2　チームビルディング

　スポーツチームに対する組織的介入の方法として，「チームビルディング」がある。ブロウリィとパスケービッチ（1997）によればチームビルディングとは，有用性の増加，成員の要求の満足，作業条件の改善をするために，チームを援助する方法，すなわちチームの向上と改善のための方法と定義されている。これによって，チームの士気向上や目的の再確認など個々の能力を最大限に引き出すことを目的としている。佐藤雅幸は，全日本テニス大学王座優勝を目指したある大学女子テニスチームに対して，エンカウンターグループ（非構成）を用いてチームビルディングを実施し効果を認めている。

　エンカウンターグループとは，1960年代はじめにアメリカの心理臨床家C.ロジャースによってはじめられた集中的グループ体験の一つであり，その目的は，集団成員による自由な話し合いを通じて，自分と出会い他人と出会うことにより，自己理解，自己実現をはかることにある。あらかじめ課題が用意されていない「非構成法」と，課題が用意されている「構成法」とに大別される（詳細は10講を参照）。前述したエンカウンターグループは非構成で実施し，

メンバー（構成員）とファシリテーター（促進者）が参加するものである。内容としては，話し合う「場」と「時間」が提供され，特にテーマも進行役もない。

一般的にスポーツ集団の中の選手たちは，ルールやプログラムにのっとって時間どおり行動することが要求される。そういった環境で生活しているスポーツ選手たちが，非構成のエンカウンターグループに参加すると，開始直後に遭遇するメンバー同士の沈黙や防衛的な態度は，居心地の悪い耐えがたい感じになることもある。沈黙を越えて，セッションが進むにつれて，たわいもない話からしだいに内面を出すようになり，チームにおける自分や他人の立場なども理解するようになる。さらに信頼関係などが構築され選手同士の理解がさらに深まり，自分の使命や取り組みの姿勢などに気づくことになる。

5節　スポーツ場面での他者の存在

1　社会的スキル

社会的スキル（ソーシャルスキル）とは，人間関係を形成し，維持するために必要とされるスキルの一つで，一般に(1)社会的状況において仲間から受け入れられる行動，(2)強化を受ける確率を最大にし，罰や消去の随伴性を減少させるような状況に依存した社会的行動，(3)ある状況で重要な社会的結果を予測する，社会的妥当性のある行動であるとグレシャム（1986）らによって定義されている。表7-2はグレシャム（1986）によるソーシャルスキルの概念

表7-2　グレシャム（1986）によるソーシャルスキルの概念の構成

社会的適性 social competence	適応的な行動 adaptive behavior	身体的発達，言語発達，学業的な能力
	ソーシャルスキル social skill	対人行動（権威の受容，会話スキル，協力的行動，遊びなど）
		自己に関する行動（感情の表現，倫理的行動，自己に対するポジティブな態度など）
		課題に関する行動（注意を払う，課題の達成，自立した行いなど）

（『児童生徒用ソーシャルスキル尺度（SSI-M）開発研究報告書』東京大学大学院教育学研究科教育測定・カリキュラム開発（ベネッセコーポレーション）講座 2007 より）

の構成を表したものであるが，社会的スキルとは「社会的な受け入れや，対人関係における円滑さに強調される，対人関係の形成や維持を可能とする具体的行動」と考えてよい。個人競技であれ，集団競技であれ，スポーツにおいて競技能力を向上させるためには，監督，コーチ，同僚や先輩や後輩などといった集団の中での，円滑な対人関係は重要である。

　スポーツ選手における社会的スキルの研究によれば，これらのスキルが低い選手は，チームメイトや指導者とのコミュニケーションがうまくできないことから，問題が発生することが多いと報告されている。

　あるサッカーチームに所属する選手が，「監督やコーチは，えこひいきで自分にはさっぱり教えてくれない……」と相談してきた事例がある。そこで，その選手の練習中の行動や態度を観察してみると，練習中の態度にその原因があったのである。失敗すれば怒りの感情を出し，さらには物に当たりふてくされるという状況が認められたという。つまり，選手のこういったネガティブな態度がコーチを「教えたい」という気持ちにさせなかったのだといえる。一般的に，指導者においては「教え方の上手な指導者」と「教え方の下手な指導者」は確かに存在する。それと同時に，「教えられ方の上手な選手」と「教えられ方の下手な選手」が存在するのも事実である。社会的スキルに問題がみられることで，スポーツ場面においてもさまざまなストレッサーが多くなり問題行動が出現することが考えられる。スポーツ選手が，社会的スキルを養い実際に使用することによって，自身のストレスを軽減させる効果と同時に，セルフエスティーム（自尊心）を高める効果も期待できる。

2　ホームアドバンテージ

　スポーツ競技の勝敗の要因として，ホームアドバンテージという社会的現象がある。たとえば，日本のプロ野球球団の一つ阪神タイガースとそのホームグラウンド甲子園球場の関係は有名な話である。熱狂的な阪神ファン（群衆）の応援は，対戦相手を威圧し自軍選手のプレーを後押しする。また，浜風と呼ばれる独特の風向きやグラウンドが土という特殊なグラウンドも有利にプレーできる要因だと考えられている。こういった現象はプレーしているときに協力的な他者がそばにいるとパフォーマンスが高まるという社会的促進理論と一致す

る。

　ホームアドバンテージの研究（シュヴァルツとバルスキー，1977）は，アメリカンフットボールや野球，バスケットボール，レスリングなどを対象にして行われ，ホームチームが52〜88％の確率で勝利をおさめていると報告されている。その要因としては，観衆である群衆のサイズおよび構成，試合会場との距離などが選手の覚醒水準に影響を及ぼすのだという説明がされているが，動物行動学的理論を用いたいわゆる「なわばり」からの説明も興味深い。

　ネーヴェとウォルフソン（2003）は，ホームゲーム前にはサッカー選手のテストステロン（体の中にある興奮に作用する男性ホルモン）の濃度が高水準になり，平凡な選手との対戦よりも究極のライバルとの試合前に，特に濃度が高くなったと報告している。

　一方，ホームでの不利性も忘れてはならない。あまりにも大きな期待は選手やチームに対して過度のプレッシャーとなり，強い不安や恐怖を誘発し，パフォーマンスが低下することもある。また，多くの観衆の存在による覚醒水準の上昇は，集中を阻害し，認知的コントロールができなくなるケースもある。

　総合的に考えると，主にホームアドバンテージは観衆の人数や質，選手の年齢および施設への慣れが影響するものと考えられる。

● 参考文献
　石井源信・楠本恭久・阿江美恵子（編）『現場で活きるスポーツ心理学』杏林書院　2012
　中込四郎・伊藤豊彦・山本裕二（編）『よくわかるスポーツ心理学』ミネルヴァ書房　2012
　竹中晃二（編）『健康スポーツの心理学』大修館書店　1998
　徳永幹雄（編）『教養としてのスポーツ心理学』大修館書店　2005
　ハガー, M. & バヴィザランティス, N.（著）湯川進太郎・泊真児・大石千歳（監訳）『スポーツ社会心理学』北大路書房　2007
　スポーツ実践研究会（編）『入門 スポーツの心理』不昧堂出版　1997
　大段員美・竹内京一・丹羽劭昭（編）『体育集団の研究』タイムス　1972
　遠藤俊郎「第8章 1.2　日本的スポーツ集団の理解」石井源信・楠本恭久・阿江美恵子（編）『現場で活きるスポーツ心理学』杏林書院　2012
　Brawley, L. R. & Paskevich, D. M. "Conducting team building research in the context of sport and exercise." *Journal of Applied Sport Psychology*, 9, 11-40, 1997.

Schwartz, B. & Barsky, S. F. "The home advantage." *Social Forces,* 55(3), 641-661, 1977.
Neave, N. & Wolfson, S. "Testosterone, territoriality, and the 'home advantage'." *Physiology & Behavior,* 78(2), 269-275, 2003.
杉村仁和子・石井秀宗・張一平・渡部洋『児童生徒用ソーシャルスキル尺度（SSI-M）開発研究報告書』東京大学大学院教育学研究科 教育測定・カリキュラム開発（ベネッセコーポレーション）講座　2007

トピックス7

2009年WBCから学ぶチームリーダーの重要性
チームが力を発揮するためには

　2009年，野球のワールド・ベースボール・クラシック（WBC）決勝で，王ジャパンがキューバを10－6で破り，初代王者に輝いた。予選リーグでアメリカから敗退し，準決勝進出を賭けた韓国戦に臨んだ日本は1－2でまさかの黒星で2連敗を喫し，4強進出はきわめて難しい状況となってしまった。韓国との試合終了の瞬間，ベンチで声を荒らげたイチローは，「野球人生で最も屈辱的な日」とインタビューに答え無念さをあらわにした。翌朝の新聞が，"王JAPANこぼれた準決切符…それでも信じる「吉報を待ちます」"とか，"日本2次リーグ突破ほぼ消えた…イチロー無念「最も屈辱的な日」"などといった悲観的な見出しで報じたように誰が考えても予選突破は不可能な状態に追い込まれていた。しかし，勝負というのはわからないもので戦う姿勢を崩さなかった王ジャパンを勝利の女神は見捨てなかった。なんとメキシコが米国を2－1で破り，失点率0.01差で準決勝進出し，その後，宿敵韓国を破り，キューバから勝ち，見事，世界の頂点へとたどりついた。王監督が，試合終了後に「この勝利は，イチローの功績だ！」と称賛していたように，彼の存在は，プレーヤーとしてだけでなく，個性豊かな選手たちをまとめていくためのチームリーダーとして必要不可欠なものだったに違いない。

　個性豊かで才能あふれる選手をチームとしてまとめ上げていくためには，大変な努力とエネルギーが必要である。監督のリーダーシップの取り方がパフォーマンスに大きな影響を及ぼすことはすでに周知の事実だ

が，イチローのようなチームリーダーの存在の重要性は，スポーツの世界に限らず，政治や企業の世界でも，また，音楽の世界でも同様な指摘がされている。

　音楽とりわけオーケストラ（管弦楽団）の世界では，イチローのような役割をするチームリーダーがあらかじめ決定されている。その人を，コンサートマスターと呼び，演奏者の要(かなめ)として重要な役割を担っている。

　オーケストラとは，指揮者が統制をとりながら，管弦楽曲，すなわち複数の弦楽器，管楽器，打楽器を演奏するために組織された団体を意味するが，よい演奏をするためには，優秀なコンサートマスターが必要不可欠なのである。コンサートマスターとは，オーケストラの演奏をとりまとめる役割があり，一般には第1ヴァイオリン（ヴァイオリンの第1パート）のトップ（首席奏者）がこの任を担う。演奏者にとっては，指揮者からの指示では，実際の細かな音の出だしや切る位置，微妙なニュアンスを受け取ることができない場合が多いので，演奏者はむしろ，楽器を演奏するのをみたほうがわかりやすいこともあり，指揮をみるのと同時にコンサートマスターをみて演奏するのである。逆にコンサートマスターは，指揮者の指示を補い，演奏者を代表して指揮者と協議する。スポーツの世界でたとえるならば，監督と選手の橋渡しをしているプレーイングマネジャーである。

　強いチームには，すばらしい指導者はもちろんのこと，チームリーダーとなる選手や部員がいる。チームの歯車が上手にかみ合っているときというのは，強いリーダーシップを発揮するキャプテンと賢い敏腕マネージャー（主務）の存在が不可欠である。彼らは，オーケストラでいうならば，コンサートマスターであり，指揮者である監督やコーチと連携をとりながら，個性豊かな個々の才能を上手に引き出し，チームの力を最大限に発揮させてほしいものである。

8講 競技の心理

8講の「競技の心理」では，競技の心理的特性，競技者の心理，ピークパフォーマンス，指導者の心理，けがと心理などについて説明する。本講には，現在競技スポーツを行っている人，将来指導者を目指そうとしている人，競技者を支えるスタッフになりたい人（トレーナー，スポーツメンタルトレーニング指導士など）にとって，重要なことが書かれている。しっかりと理解し，役立てて欲しい。

1節　競技の心理的特性

1　種目別特徴や心理的特性

スポーツ競技にはさまざまな種目があり，種目によって心理的特性も変わるといわれている。長田一臣・加賀秀夫（1981）は，スポーツ競技を七つに分類し，その心理的特性についても述べている。この七つの分類を参考に，それぞれの競技特性と心理的特性について説明する。

(1) 武器型競技（剣道，フェンシングなど）

相手の動作と間合いをとりながら有効面を突く・叩くという特徴があり，瞬発系の能力や瞬時の冷静な判断などが求められる。

(2) ベース型競技（野球，ソフトボールなど）

攻撃と守備に分かれており，監督・コーチの主導によって戦術や戦略が決められ，一球ごとに戦術や戦略が変わるという特徴がある。打順・ポジションの役割，個々の認知判断力も重視される。広い視野と注意集中が求められ，チームメイトとの協調性も重要な要素となる。

(3) フィールド型競技（サッカー，ラグビー，バスケットボールなど）

ボールが，フィールド内で常に動いているということが特徴の競技で，それゆえ，広範囲の注意集中と状況判断能力が求められる。戦術や戦略も常に変化

するので，瞬時に対応する能力や協調性も必要とする。

(4) 格闘型競技（柔道，相撲，レスリングなど）

対戦相手の特徴を把握するなどの戦術・戦略が必要である。相手の心理を読む，闘争心，興奮レベルを高めるなども求められる。

(5) 個人型競技（陸上，水泳，スキー，体操など）

直接的に相手と対戦する競技ではなく，タイムを競う，自分の演技をする（パフォーマンスを発揮する）などが特徴である。また，環境への適応（特に屋外競技），環境に左右されない集中力が必要とされる。

(6) ネット型競技（バレーボール，テニス，バドミントン，卓球など）

ボール・相手の構え・動作などから予測する。相手の作戦を読み作戦を立てる，状況判断能力などが求められる。チームメイトとの協調性は欠かせない。

(7) 標的型競技（アーチェリー，弓道，射撃など）

対戦相手が特に存在するわけではなく，「的」に矢や弾などを当て，いかに高得点を上げられるかを競う競技である。身体的な動きも大きくなく，心理的な影響を受けやすい競技といえる。一点に集中する能力やリラックス能力などが求められる。

以上，スポーツ競技を七つの型に分類し，その心理的特性・特徴を述べた。しかし，これらの心理的な傾向は性格や考え方などが影響するため，最終的には「個人的なもの」というところにいきつくと思われる。

2 スポーツ技能に最適な覚醒（興奮）水準

スポーツの技能の中には，興奮したほうがよいパフォーマンスが上がるものと，逆に冷静に落ち着いて遂行したほうがよいものとがある。ヤーキスとドットソンは，(1)課題が簡単な場合には，覚醒（興奮）水準が高いほどパフォーマンスはよくなる，(2)課題が難しい場合には，覚醒（興奮）水準は最適水準で最高のパフォーマンスを得ることができる，という法則を自らの名前で提唱している（ヤーキス・ドットソンの法則）。

表8-1は，各種スポーツ技能に最適な覚醒（興奮）水準を示したものである。爆発的な力，スピード，持久力などが必要な技能は高い覚醒水準を必要とし，複雑で精密な技能が必要なものは，低い覚醒水準が要求される。

表8-1 各種スポーツ技能に最適な覚醒（興奮）水準

	覚醒（興奮）水準	スポーツ技能
5	非常に高い興奮	フットボールのブロッキングとタックリング 中距離走 重量挙げ
4		走り幅跳び 短・長距離走 砲丸投げ 水泳競技
3		バスケットボールの諸技能 ボクシングの諸技能 サッカーの諸技能 高跳びの諸技能 大部分の体操技能
2		野球の投球・打撃技能 フェンシング 飛び込み フットボールのクォータバック テニス
1	わずかに覚醒している	アーチェリー バスケットボールのフリースロー ゴルフ フィールドゴールのキック
0	平常の状態	

2節　競技者の心理

1　ピークパフォーマンス

　私たちは，アスリートのプレーや演技にこころから魅了されることがたびたびある。最高の舞台で最高のパフォーマンスを発揮したときのトップアスリートほど，美しいものはないと感じる。アスリートが最高のパフォーマンスを発揮しているときは，「特殊な意識やからだの状態」になっているといわれている。このことを，ピークパフォーマンス（peak performance）状態という。「ピークパフォーマンス状態」の構成概念は，(1)精神的リラックス，(2)身体的リラックス，(3)自信がある楽観的感覚，(4)現在に集中している感覚，(5)高度にエネルギーを放出する感覚，(6)異常なほどわかっているという感覚，

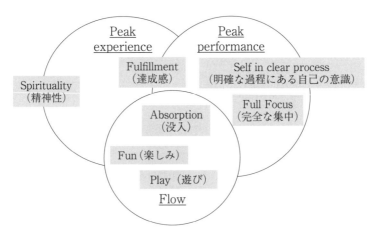

図8−1 peak experience, peak performance, flow の概念関連図
(プライベッテ, 1983)
(『スポーツ心理学事典』大修館書店 2008 p.377 より引用, 筆者改変)

(7)コントロールしている感覚, (8)繭の中にいる感覚, といわれている（ガーフィールド, 1988）。また, ピークパフォーマンスに似た言葉で, ピークエクスペリエンス (peak experience), フロー (flow) という言葉もある。ピークエクスペリエンスは自己実現を含む最も素晴らしかった体験, フローは非常に集中していて, それ自体が楽しい最適な心理状態といわれている。図8−1は,「ピークパフォーマンス」「ピークエクスペリエンス」「フロー」の概念について説明したものである。それぞれに重なるところがあり, 完全に分けることは難しい。

2 競技者の心理的課題

国立スポーツ科学センター（JISS）・心理グループは, 選手のパフォーマンスの向上のために, 個別サポートを実施している。個別サポートとは, スポーツメンタルトレーニング指導士, スポーツカウンセラー, 臨床心理士などが, 選手の主訴や特徴などに合わせて1対1で選手のサポートを行うことをいう。JISSでは, 個別サポートを希望する選手は, 最初に「申込書」に諸情報を記載する。その中に「現在, あなたの問題・課題となっている内容すべてに○をつけてください（複数回答可）」という質問項目がある（表8−2）。その項目

表8-2　JISS心理グループが用いている個別心理サポートの申込書の一部

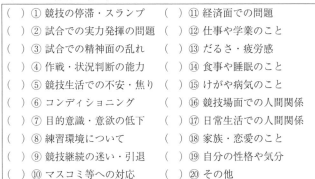

1. 現在，あなたの問題・課題となっている内容すべてに○をつけてください（複数回答可）。

( ) ① 競技の停滞・スランプ　　( ) ⑪ 経済面での問題
( ) ② 試合での実力発揮の問題　( ) ⑫ 仕事や学業のこと
( ) ③ 試合での精神面の乱れ　　( ) ⑬ だるさ・疲労感
( ) ④ 作戦・状況判断の能力　　( ) ⑭ 食事や睡眠のこと
( ) ⑤ 競技生活での不安・焦り　( ) ⑮ けがや病気のこと
( ) ⑥ コンディショニング　　　( ) ⑯ 競技場面での人間関係
( ) ⑦ 目的意識・意欲の低下　　( ) ⑰ 日常生活での人間関係
( ) ⑧ 練習環境について　　　　( ) ⑱ 家族・恋愛のこと
( ) ⑨ 競技継続の迷い・引退　　( ) ⑲ 自分の性格や気分
( ) ⑩ マスコミ等への対応　　　( ) ⑳ その他

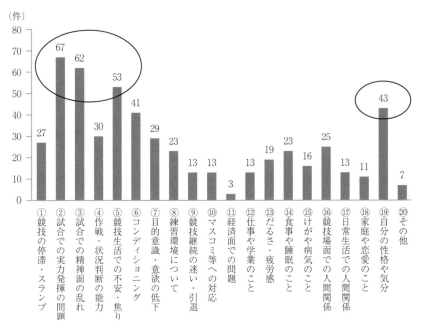

図8-2　個別心理サポート申請時の心理的問題・課題（n=109, 複数回答）

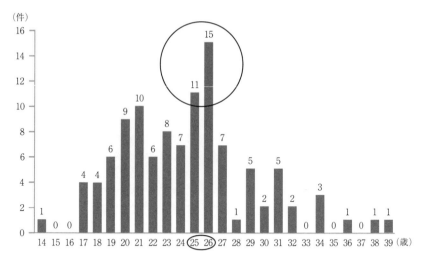

図8-3　個別サポート申請時の年齢（n=109）

には①〜⑳までさまざまな心理的問題・課題が記載され，選手は当てはまるところに○をつける。その後，初回（インテーク）面接において，○がついたところを詳しく訊（聴）き，主訴を特定していく。図8-2，図8-3は，2001〜2009年までの109名の件数をまとめたものである。これをみてみると，「試合での実力発揮の問題」「試合での精神の乱れ」「競技生活での不安・焦り」が上位三つであった。また，「自分の性格や気分」や「コンディショニング」というところにも問題や課題があると自覚している。さらに，個別サポートの申込時の年齢をみてみると，25〜26歳のときが多く，この時期に何かしらの心理的な変化が起こり，「心理サポートを受けたい」と思うことが多いということがわかった。

3　キャリアトランジッションとキャリアサポート

　アスリートには，必ず引退を迎えるときが来る。現役時代は，「競技後の人生など考える暇・余裕などない」，または「考えたくもない」と思っているアスリートは少なくない。しかし，引退後の「道」，ひいては「生き方」を考える・準備することは重要である。豊田則成（2012）は，引退を迎えたアスリー

トは，アイデンティティ（自我同一性，自己の存在証明・意義，自分らしさなど）の危機に陥り，さまざまな不適応を引き起こし，深刻な心的外傷（トラウマ）に発展する可能性があると指摘している。アスリートが引退を考えるきっかけとしては，目標を達成した，体力や気力の限界，けがや病気などが考えられる。葛藤，不安などにさいなまれる中，引退を決めたアスリートは，「アスリートでない自分」を再構築しなくてはならない。豊田・中込四郎（1996）は，競技引退にともなうアイデンティティの再体制化のプロセスについて，「アスリートでない自分を受け止める」→「将来への展望を考える」→「新たなことへ挑戦する」→「新たな自分の確立」というプロセスをたどると報告している。

また，アスリートのセカンドキャリアを支援するためのプログラムがさまざまな競技団体によって創られている。2002年にJリーグは「Jリーグキャリアサポートセンター」を，2004年にはNPB（日本プロ野球機構）が「セカンドキャリアサポート」，同年にJOC（日本オリンピック委員会）が「JOCセカンドキャリアプロジェクト」をそれぞれ創設し，選手の引退後の支援に積極的に乗り出している。

3節　指導者の心理

1　指導者の苦悩

筆者は，仕事柄，競技団体の指導者と話をする機会が多い。そのような中で，指導者からの悩みや苦しみを聴くことがたびたびある。その中身は，選手に関すること，指導者間の関係，他スタッフとの関係など多様であり，周囲が思っている以上に，指導者は悩み・苦しんでいる。日本代表やプロの監督・コーチともなれば，その期待から周囲やメディアからのプレッシャーも大きい。また，指導者は，孤独を感じることもあるという。たとえば，選手起用に関しては，最終的には監督やヘッドコーチが決めるが，そのことについての不満が出たり，また結果が出なければ，選手起用の失敗，戦術・戦略のミスなどといわれたりする。また，小谷克彦（2012）は，中学・高校の運動部指導者は，「指導援助」「部活動の方向性」，そして「周囲との関係性」に関わる問題から葛藤を抱くことが多いと述べている。指導者も日々ストレスを抱え，それが選手や他のコー

チ，スタッフに与える影響も大きいと思われる。指導者の心理面のサポートをすることが，選手やチームの心理面の安定につながるともいえる。

2 指導者が選手に求める心理的なこと

　指導者から選手の心理サポートの依頼をたびたび受けることがある。選手自身が取り入れたいと思っているかどうかは別であるが，指導者の思いはさまざまである。筆者自身が指導者との話の中で感じることは，指導者が心理サポートに期待・要望することには，大きく分けて二つのことがあると現時点では考えている。一つは，「緊張したり，あがったり，不安になったりなどという心理面の問題・課題に対処する，または予防する方法を身につけさせたい」という心理技法の習得に関することである。これは，メンタルトレーニングの主たる目的と合致する。この場合，心理サポート者は，講習会などを行い，心理技法の方法について，丁寧に教示し，習得をうながす活動を行っていく。そしてもう一つは，「根本の精神的なものを鍛え直したい。また競技に取り組む姿勢や態度の重要性に気づかせたい」という要望がある。筆者の感覚的なものであるが，後者の要望のほうが多いと感じている。この背景には，指導者には「すばらしい能力をもっている選手はたくさんいるが，そのことに選手自らが気づかず，行動を起こすこともなく，アスリート人生を終えてしまう」という思いがあると思われる。指導者の希望に，どのように応えるのかは難しいが，最初に指導者の要望をしっかりと丁寧に聴く（訊く）ことが非常に大切である。そして，その要望に心理サポートの立場からの「提案」を真摯に行い，「何が必要なのか」ということを一緒に考えるということが大事である。選手やコーチの「気づき」をうながすことを行っていくことが大事である。また一方で，選手の話もしっかりと聴き，指導者と選手の立場を理解しながら，サポートする側の「立つ位置」（バランス）を保ちながら，丁寧に対応していくことが非常に重要であると思われる。

3 指導者の心理的こころがまえ

　筆者は，たびたび競技団体に帯同して心理サポートを行っているが，その中での主な仕事は，心理的な観点から，選手が最高のパフォーマンスを発揮でき

るお手伝いをすることである。この活動の中で，最も重要視していることの一つに，「コーチは，選手にどのような『声かけ』をしているのだろうか」ということがあげられる。この観察を続けていると，あるとき，コーチの「声かけ」の「変化」に気づいた。コーチは，練習では，当然ながら技術的な指導を主として行っている。すなわち，技術に関する「声かけ」が多い。しかし，本番の試合が近づくにつれ，心理面に関する「声かけ」が多くなっていくのである。コーチ陣の会話でも，「あそこ（技術的なこと）がよいから，それをどんどんほめて，よい気分にしていこう」というようなことも聞かれ，こころの状態を良好に保つような「声かけ」が多くなっていくのである。さらに，試合直前には，「あとは自信をもって，リラックスしてやるだけ」という言葉を笑顔でかけている。いいかえるならば，最後の最後には「こころの面を安定させ，よい心理状態で競技に集中させる」ということがコーチの大きな役割といっていいだろう。つまり，指導者は，試合の直前では，「最後は選手のこころの面を支えている」という認識をもつことが大事であり，すばらしい指導者になるためには，「選手のこころの面を感じとる能力」というものが必要となるだろう。また，心理面をサポートする者は，このことの重要性を指導者に訴え，これにかかわる「お手伝い」をするということも重要な役割となるだろう。これは，選手のみならず，指導者の心理面のサポートを行うことであり，場合によっては，指導者も個別のサポートを受けることも，重要なことではないだろうか。つまり，「心理サポート者」（それを目指す者も含む）は，チーム全体のサポートを行っているということを認識し，また指導者自身も，「心理サポート者」を積極的に活用するという姿勢も必要であると思われる。

4節　けがと心理

「最近のアスリートは，競技人生が長くなった」ということをよく耳にする。その背景にはさまざまなものがあると思われるが，スポーツ医・科学の発展が大きな要因の一つといえるだろう。特に，けがに対する有効な治療と効果的なリハビリやトレーニングは，選手の早期の復帰に大きく貢献し，けがへの効果的な予防や対処は，競技の現場ではかなり浸透していると思われる。しかし，

「こころ」に関することはどうであろうか。けがは，実は，「こころ」にも大きな「傷」を残す。しかし，そのことについては多くは語られない。ここでは，受傷したアスリートの「こころ」の面にかかわることについて説明する。

1 けがの原因として考えられる要因

けがの原因として考えられる要因は，四つあるといわれている。
(1) 身体要因：年齢，経験，筋肉のアンバランス，過剰なトレーニング，疲労，身体的コンディショニングなどがある。
(2) 環境要因：グラウンド表面の凹凸やスリップしやすい状態，競技施設の不備，競技・大会運営の質，指導の質・スタイルなどがある。
(3) 社会文化的要因：たとえば，指導者やスポーツ選手が抱いている誤った信念のようなものであり，「チームやお国のために」という個の犠牲や痛みを我慢してのプレーなどがある。
(4) 心理的要因：パーソナリティ（性格）特性，ストレッサー歴，対処資源という要因がストレス反応の過程に相互に作用し，けがの発生に至るという考えが報告されている。

2 「こころ」にも「傷」を負わせるけが

けがは身体を傷つけるものであるが，「こころ」にも相当の「傷」を負わせる。受傷した選手の心理的な訴えは，抑うつ，不安，焦燥感を訴える者，けがが完治しても競技復帰への不安を訴える者，重いけがにより競技継続を断念しなければならないが受容できずにいる者という例がしばしば聞かれる。ウェイスとトロクセル（1986）は，けがをしたバスケットボール選手10名に面接調査を行い，不信，恐れ，抑うつなどの情緒的反応，そして，筋疲労，不眠，食欲低下などの身体的反応を報告している。またピアソンとジョーンズ（1992）は，けがをした61名のスポーツ選手を対象に調査を行ったところ，健常選手と比較して，高い緊張感，敵意，失望感，疲れ，情緒混乱を示していたと報告している。けがをした選手から，実際に話を聴くと，リハビリ中のつらさや苦悩，復帰できるのだろうかという不安などの訴えが聞かれる。

3 リハビリテーション中の心理サポート

けがをした選手は，傷害のこと，競技復帰，また自らの置かれている環境などに否定的で不合理な考え方をする傾向にあり，これは治癒や競技への復帰を遅らせるだけでなく，けがの再発をも高めることにもつながってしまうといわれている。これを防ぐために，受傷後に心理的なサポートを受けることが有効とされている。たとえば，漸進的筋弛緩法や自律訓練法などのリラクセーション法を行うことで，不安，怒り，ストレスなどを軽減させることが可能になる。また，イメージ技法を応用する「メンタルプラクティス」も有効である。メンタルプラクティスとは，「身体をほとんど動かさず，運動している状態を頭の中で想像することによって行う技術練習」のことであり，身体的練習やトレーニングが十分にできないリハビリのときなどに行うと，早期の競技復帰につながると指摘している研究もみられる。リハビリ中にこのメンタルプラクティスを用い，技の修正や習得ができたという報告を聞いたり，実際に筆者自身も個別のサポートの中で指導することもある。

4 けがの受け止め方とその後のリハビリへの態度と姿勢

あるフィジカルトレーナーの方から，「けがの受け止め方で，復帰の時間が変わる」という話を聞いたことがある。たとえば，全治6ヶ月（医学的に）という大けがをしたとする。けがの直後は，どのような選手でもショックを受けるが，その選手が1日でも早く前向きにリハビリに取り組めるかで，「復帰の時間」が変わるという。前向きに取り組んだ選手は，全治6ヶ月のけがでも5ヶ月で完治することがあったり，一方で，前向きにリハビリに取り組めない選手は，7ヶ月，8ヶ月と遅れてしまうということもあるという。また，あるオリンピック選手は，「けがをすると，必ず何かを得られるんですよ。けがって意味があるんです」と述べている。受傷後に，けがをどのように受け止め，そしてその後にどのように行動するのかで，その後の競技人生は大きく変わる。

5 けがで"人間が変わる"選手

「けがをしてしまったが，それを克服し復帰した選手は，人間的にとても成長している」という話を聞くことがある。また，筆者がサポートしている選手

がそのように"変わっていく"ことに出くわすこともある。けがをした選手は，「競技を続けられるのだろうか……」という不安や恐怖に押しつぶされそうになるが，その気持ちをもちながらも，復帰を目指し，治療やリハビリに励む。その過程の中で，まわりからたくさんのサポートを受け，そのことにこころから感謝する。そして，自分というものを根本から見つめ直し，自分の課題や問題に正面からぶつかり，悩み・考える。さらにそれが深まると，自分の「信念」や「哲学」が生まれ，完全復帰をしたときには，すばらしい選手になるという過程をたどるようにみえる。このような選手をみていると，「受傷するということ」は心身を傷つけるが，「人間的に成長するための最高のきっかけ」とさえ思えてくる。

6　けがをしたときの「サポート資源」

けがからの早期の復帰を目指すならば，その「サポート資源」があるのかを確かめる必要がある。図8-4は，受傷した選手の「サポート資源」について示したものである。早期の復帰，そして選手の精神的成長を目指すならば，選手の「サポート資源」がどれくらいあるのかということと，それらの人々と良好な関係を築いているのかという「サポートの質」をみていく必要があると思われる。「サポート資源とその質」が，アスリートの健全な競技復帰には欠かせないものといえる。

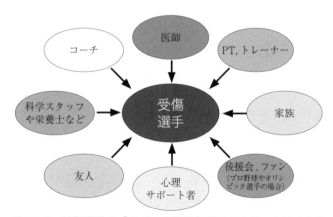

図8-4　受傷選手の「サポート資源」がどれくらいあるのか？

5節　本講の終わりに

　筆者の師匠である長田一臣氏の著『競技の心理』の「はじめに」に，以下の文章がある。
　「世の中は，その人が見るように見えているのだ。その人の心が刻一刻と変動しているなら世の中も刻一刻と変動する。心にバラをもてば世の中はひときわ明るく，心が地獄をのぞいていれば世の中は地獄の様相を呈しているのだ。つまり，われわれはこのやり方において全宇宙をも自在に操作することができる」
　今みえているものは，自らのこころの在り様によって決まる。競技の場においても，自らのこころの在り様をコントロールすることによって，最高の心理状態で試合に臨むことができる。競技の場は，最終的には1人であり，そのときにいかに自分のこころをコントロールできるかが重要である。読者には，競技の場での心理的なことを理解し，その場で自らのこころをコントロールし，最高のパフォーマンスを常に発揮して欲しいと願う。

●参考文献

立谷泰久「総論 国立スポーツ科学センターの心理サポート（特集：アスリートのメンタルサポートをめぐって）」臨床スポーツ医学, 26(6), 2009
長田一臣・加賀秀夫「A型競技の心理学」勝部篤美・粂野豊（編）『コーチのためのスポーツ人間学』大修館書店　1981
長田一臣『競技の心理』道和書院　1970
上向貫志「スポーツ傷害における心理サポート」杉原隆・船越正康・工藤孝幾・中込四郎（編著）『スポーツ心理学の世界』福村出版　2000
Andersen, M. B. & Williams, J. M. "A model of stress and athletic injury : Predicting and prevention." *Journal of Sport and Exercise Psychology*, 10, 294-306, 1988.
豊田則成・中込四郎「運動選手の競技引退に関する研究──自我同一性の再体制化をめぐって」体育学研究, 41, 193-206, 1996
Ogilvie, B. & Tutko, T. *Problem athletes and how to handle them*. Pelham, 1966.
Weiss, M. R. & Troxel, R. K. "Psychology of injured athlete." *Athletic Training*, 21, 104-109, 1986.
Pearson, L. & Jones, G. "Emotional effect of sports injuries : Implications for phys-

iothrapists." *Physiotherapy*, 78(10), 762-769, 1992.
杉原隆「4　メンタルプラクティス」『運動指導の心理学』大修館書店　2003
岡浩一朗「スポーツ傷害に対する心理学的アプローチ」上田雅夫（監修）『スポーツ心理学ハンドブック』実務教育出版　2000
スポーツ実践研究会（編）『入門 スポーツの心理』不昧堂出版　1997
杉山卓也「ピークパフォーマンスの定義」「ピークパフォーマンスの要因」日本スポーツ心理学会（編）『スポーツ心理学事典』大修館書店　2008
豊田則成「競技引退のもつ意味」中込四郎・伊藤豊彦・山本裕二（編著）『よくわかるスポーツ心理学』ミネルヴァ書房　2012
小谷克彦「運動部指導者の葛藤」中込四郎・伊藤豊彦・山本裕二（編著）『よくわかるスポーツ心理学』ミネルヴァ書房　2012
ガーフィールド, C. A. & ベネット, H.（著）荒井貞光他（訳）『ピーク・パフォーマンス』ベースボールマガジン社　1988

トピックス 8

あなたは，どのような選手になりたいのですか？

　筆者は，これまでに多数のメンタルトレーニング講習会を行ってきている。最初に「メンタルトレーニングとは？」「ピークパフォーマンスとは？」などを解説し，さらにはリラックス法やイメージトレーニングなどの心理技法を，実技を交えながら具体的に説明していくというのがおおよその流れである。その後，講習会の終盤で，下図を説明しながら，「あなたは，どのような選手になりたいのですか？」と熱く問いかける。実は，これは筆者の講習会の「核」となる重要な部分である。図の枝・葉のところをみると，体力，技術，こころという俗にいう「心技体」，そして栄養やその他のたくさんのサポートとしている。また，幹をみると「何でも吸収するという貪欲な姿勢と行動」と記した。さらに，根には，「強くなりたい！　うまくなりたい！　という情熱」「選手としてど

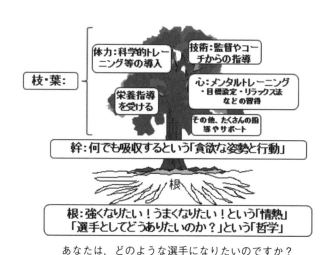

あなたは，どのような選手になりたいのですか？

うありたいのか？ という哲学」と書いた。この図の中で最も大事なところは，「根」である。根っこたる「情熱と哲学」がなければ，「何でも吸収するという貪欲な姿勢と行動」は生まれず，さらに，いくらすばらしい科学的なトレーニングや優秀な指導者，効果的なメンタルトレーニング技法，栄養指導，そしてたくさんのサポートがあったとしても，幹や根がなければ何も吸収できないということになる。つまり，トップアスリートになるためには，根っこである「情熱と哲学」をもつことが，最も大切なことであると強く思う。

9講 メンタルトレーニング

　近年，競技に専念するスポーツ選手やその指導者をとりまく環境は，大きな変容を遂げている。2020年に東京オリンピックの開催が決定したことにより，日本においてはその動きがさらに加速するだろう。このような状況の中で，スポーツ選手やその指導者に重責がのしかかることが予想される。自分を律して自分が掲げる目標を叶えるためにはどのような取り組みが求められるのだろうか。本講では，その一助になりえる心理的なアプローチの方法であるメンタルトレーニングについて学ぶことにしよう。

1節　メンタルトレーニングとは

　スポーツ選手の競技力向上と実力発揮を目的とした心理的なアプローチの方法として，メンタルトレーニングが注目を集めている。メンタルトレーニングとは，文字どおりこころを訓練することであり，心理学とスポーツ科学に関する理論をもとに複合的に構成されている。ここでは，わが国におけるメンタルトレーニングの歴史的背景をひも解き，その目的や方法について紹介することにしよう。

　メンタルトレーニングのはじまりを正確に特定することは困難である。ただ，今日の理論をもとにしたメンタルトレーニングは，1950年代の旧ソ連の宇宙開発において宇宙飛行士を対象に実施されたのがはじまりであるといわれている。ここでは，宇宙船内で行う宇宙飛行士の活動が計画どおり安全に遂行されるよう，呼吸法などのセルフコントロールの方法が中心であった。

　わが国においては，1964年の東京オリンピックの開催に向けて日本体育協会スポーツ医科学委員会が「あがり」の対策として，スポーツ選手にメンタルトレーニングを実践するようになった。その当時は緊迫した状況下では精神力や根性が最も重要であるとされ，その強化が主として求められていた（表9-

表9-1 「根性」養成のための五箇条

1. 明確,具体的な目標
2. ハードトレーニングでの極限状況における計画はどのような状況でも予定通り実行する。
3. 他の分野の一流人の「物の見方・考え方」「苦心談」などを聞いたり,かつての一流選手の練習法や生活法,関連する悩みなどに触れる。そしてそれを自己にあてはめ,自己の解決方法を考える。
4. 座禅や自律訓練法などによる,精神集中や精神安定の具体的方法を確立する。
5. リラクセーションの方法を身につける。

(『東京オリンピックスポーツ科学研究報告』より楠本恭久作成)

1)。その後,日本においてメンタルトレーニングの実践活動は継続されたものの,その普及活動は停滞したといわざるをえない。メンタルトレーニングの組織的活動が再開されたのは,1985年のことである。日本体育協会スポーツ医科学委員会にメンタルマネジメント研究プロジェクトが発足し,メンタルトレーニングに関する研究と実践を推進した。そして,現在では,2001年より国立スポーツ科学センターにメンタルトレーニングの専門スタッフが配置されるようになり,オリンピックの強化指定選手を中心に心理サポートが受けられる環境が整備されている。

1984年のロサンゼルスオリンピックの開催に向けて行われた,アメリカオリンピック委員会の取り組みは世界的に大きな功績をもたらした。アメリカオリンピック委員会は,各競技団体にスポーツ心理学もしくは臨床心理学の専門家を配置し,オリンピック代表レベルの選手に対して心理サポートを実践するよう要請したのである。そのような取り組みが実り,アメリカはロサンゼルスオリンピックで良好な成績を残し,各競技団体に心理サポートが定着した。また,心理サポートにかかわった幾名かの専門家が発信した情報は,今日のメンタルトレーニングに大きな影響を与えたといえよう。

近年では,メンタルトレーニングに関する資格制度が国際応用スポーツ心理学会(1992年)や国際メンタルトレーニング学会(1996年),日本スポーツ心理学会(2000年)などにより設立され,メンタルトレーニングの専門家を育成する取り組みが行われている。

2節　メンタルトレーニングに関する資格制度

　メンタルトレーニングの指導者の中には，自称「メンタルトレーナー」としてスポーツ選手の心理サポートに携わり，スポーツ選手やその指導者に混乱をもたらす者が多々存在する。そこで，メンタルトレーニングに関する専門家と自称「メンタルトレーナー」を明確に区分することを目的とし，メンタルトレーニングに関する資格が制定されている。

　ここでは，日本スポーツ心理学会が認定する「スポーツメンタルトレーニング指導士」について紹介する。日本スポーツ心理学会は，競技力向上のための心理的スキルを中心にした指導や相談を行う専門的な学識と技能を有する資格として，2000年より「スポーツメンタルトレーニング指導士」の資格認定を開始した。この資格は，スポーツメンタルトレーニング指導士とスポーツメンタルトレーニング上級指導士，スポーツメンタルトレーニング名誉指導士の三つから成り立っている。

　この資格の取得条件としては，日本スポーツ心理学会の会員を2年以上にわたって継続している必要がある。また，原則として大学院でスポーツ心理学あるいは関連領域（体育・スポーツ科学，心理学など）を専攻しており，修士を取得している者を対象としている。このような基礎条件をもとにして，資格認定の申請を行う。まずは，スポーツメンタルトレーニング指導士の資格を取得し，実績を積んだ後にスポーツメンタルトレーニング上級指導士の資格を取得する申請に移行する。スポーツメンタルトレーニング上級指導士の活動内容には，スポーツメンタルトレーニング指導士の育成も含まれている。

　スポーツメンタルトレーニング指導士は，学術上の業績をはじめ研修実績，指導実績，研修会の受講が求められ，さらには資格認定講習会の受講やメンタルトレーニングを実施する能力を有することを確認するスーパービジョンに合格することが認定条件となる。スポーツメンタルトレーニング上級指導士は，スポーツメンタルトレーニング指導士の資格を有しており，さらに学術上の業績をはじめ研修実績，指導実績の認定条件が厳しく設定された資格である。なお，スポーツメンタルトレーニング指導士の資格は，5年に一度，資格の更新

を行う必要があり，その際，定期的な研修会への受講や継続的な研究活動を行っているかが問われる。

　スポーツメンタルトレーニング指導士の活動内容としては，スポーツ心理学の立場から，スポーツ選手やその指導者を対象に，競技力向上のための心理的なアプローチにより指導や助言を行う。狭い意味でのメンタルトレーニングの指導や助言に限定しないが，精神障害に対する治療行為は含めない。具体的には，以下の六つの活動内容から構成されている。(1)メンタルトレーニングに対する指導助言，(2)スポーツ技術の練習法についての心理的な指導助言，(3)コーチングの心理的な側面についての指導助言，(4)心理的コンディショニングに関する指導助言，競技に直接関係する心理検査の実施と診断，(5)選手の現役引退に関する指導助言，(6)その他の競技力向上のための心理サポート全般である。このようにスポーツメンタルトレーニング指導士の活動は，メンタルトレーニングの対象となる，スポーツ選手やその指導者に応じてさまざまである。

3節　競技力向上や実力発揮に必要な心理的スキル

　メンタルトレーニングは，競技力向上や実力発揮に必要な心理的スキルの獲得を目指して行われる。心理的スキルについてビーリー（1988）は，基礎スキルとパフォーマンススキル，促進スキルの三つのスキルに大別している。基礎スキルの中には，決断力や自己の気づき，自尊感情，自信があり，パフォーマンススキルの中には，最適な身体的覚醒や最適な心理的覚醒，最適な注意があり，促進スキルの中には，対人スキルや自己コントロールがある。また，心理的スキルを高める方法を，基礎技法と心理技法の二つの技法に大別し，まずは基礎技法として身体のトレーニングと教育，次に心理技法として思考のコントロールや目標設定，リラクセーション，注意のコントロール，イメージが必要であると述べている。もちろん，個々によって獲得すべき心理的スキルは異なり，心理的スキルを高める方法も一様でない。そのため，対象となるスポーツ選手やその指導者に関する詳細なアセスメント（見立て）が重要な役割を担うのである。

メンタルトレーニングにおけるアセスメントとは，心理査定や心理診断のことをいう。つまり，対象となるスポーツ選手やその指導者の情報を収集する作業であり，そこには課題や問題となる行動，それに関連したパーソナリティや対象者を取り囲む環境要因などがある。アセスメントの終了後，対象となるスポーツ選手やその指導者に必要とされる心理技法を提供する。ビーリー（1988）が提唱する心理的スキルを高める心理技法を参考にし，ここでは認知行動療法，目標設定技法，リラクセーション技法，注意集中技法，イメージ技法について概説することにしよう。

1　認知行動療法

　認知行動療法は，アメリカのアーロン・ベックが1970年代にうつ病に対する精神療法として開発したものであり，うつ病をはじめ不安障害，ストレス関連障害，パーソナリティ障害，摂食障害，統合失調症などの精神疾患に対する治療効果や再発予防効果をもつ。現在では，精神疾患以外に日常生活でのストレスやスポーツにおける問題など，さまざまな場面で利用されている。

　平木貴子（2012）によると，スポーツの現場ではスポーツそれ自体が学習であるため，認知行動療法で利用されている理論や技法が応用され，多く取り入れられているとのことである。また，直井愛里（2008）によると認知行動療法は，思考が感情や行動に影響することを前提とし，非合理的，または悲観的な思考が感情と行動の問題に関与すると説明されている。自分の置かれた状況の考え方や受け取り方で，感情と行動は変化するため，思考を修正して問題に対処していくというのが認知行動療法である。

　認知行動療法の手続きとしては，まずスポーツ選手を1人の人間として理解し，本人が直面している問題や課題を浮き彫りにし，今後の対応策を立てる。次に，「自動思考」と呼ばれる，さまざまな状況に応じて生起する思考やイメージに焦点を当て，認知の歪みを修正する。そして，より深いスキーマ（信念）に焦点を当て，認知行動療法を終結させる。なお，認知行動療法では，問題や課題に関係する技法（表9-2）を活用しながらホームワーク（宿題）と呼ばれる，実生活の中で認知の歪みの修正をはかることが必須である。したがって，認知行動療法で重要視すべきは，観念的な議論ではなく，現実に焦点を

表9-2 典型的な認知行動療法の技法リスト

行動的技法	認知的技法
1. 活動記録表／スケジュール	1. 認知再構成
2. "ポジティブに言い換える"法	2. スキーマを同定する・修正する
3. 行動実験	3. 「認知の偏り」を教育する
4. 段階づけ	4. 認知的（想像上の）リハーサル
5. 注意そらし法	5. 自己教示法
6. リラクセーション	6. 思考停止法
7. 社会技能（ソーシャルスキル）訓練	7. コーピング・カード
8. アサーション・トレーニング	8. 過去の経験から証拠を探す
9. 有意義な時間の使い方習得	9. ロールプレイ
10. 運動	10. 不安な出来事の結果を考える
11. 飲酒，薬物，カフェインを減らす	11. 問題解決技法
12. 不眠への介入	12. 利点・欠点を考える
13. 「他の人に聞いてみる」	13. 理知的／情緒的ロールプレイ
14. 読書療法	14. 認知的連続表

(慶應義塾大学認知行動療法研究会，2010より)

当てて検証を試みることである。

2 目標設定技法

　個人スポーツであっても集団スポーツであっても，目標設定することは問題・課題の特定化につながり，新たな行動を起こすためのきっかけとなる。さらに，若山裕晃（2008）によると，それによってうながされた行動変容は，パフォーマンスの進歩，練習の質の向上，自らが進むべき方向性の明確化，内発的動機づけの促進，効力感および自信の増進などをもたらす可能性がある。

　石井源信（1997）と竹中晃二（2005）を参考にし，目標を設定する上での注意点についてまとめてみると，(1)具体的で実現可能な目標であること，(2)挑戦的な目標であること，(3)長期目標よりも短期目標を重視した段階的な目標であること，(4)チーム目標よりも個人目標を重視すること，(5)結果目標よりもプロセス目標を重視すること，(6)肯定的な目標であること，(7)目標の達成日を設定すること，(8)目標に対する上達度が客観的で評価しやすいことがあげられる。

　このようなことに考慮して目標設定を行うことで，短期間で何度も達成感を

得ることができるため，それが次の目標を達成するための行動へとつながっていく．その後，セルフモニタリングの方法を活用して強化した行動を中心に振り返り，その変化や進歩の度合いを確認し，適宜目標の内容の修正をくり返し行う中で掲げた目標を達成できるよう努めることが効果的であろうと平木（2012）は述べている．セルフモニタリングの方法には，日誌や心理検査，クラスタリングなどがある．日誌は心理面だけでなく，体力面や栄養面，技術面などパフォーマンスに関係する側面についても評価することが好ましい．心理検査には，一般的にスポーツ選手に必要とされる心理的競技能力を12の能力に分けて評価する心理的競技能力診断検査（Diagnostic Inventory of Psychological-Competitive Ability for Athletes：DIPCA.3）や気分・感情を評価するPOMS（Profile of Mood States），状態・特性不安を評価するSTAI（State-Trait Anxiety Inventory）が利用されている．クラスタリングは，過去を振り返って自分のベストパフォーマンスとワーストパフォーマンスを決定し，それぞれがどのような状態のときにうまれたのかについて明らかにするため，パフォーマンスと認知や感情，動作，環境などの関係性について整理して評価するものである．このようなセルフモニタリングの方法を必要に応じて定期的に実施することは，新たな目標設定の見定めにも大きな役割を担うだろう．

3　リラクセーション技法

リラクセーション技法は，メンタルトレーニングの中で基礎的な技法として位置づけられており，重要な役割を担っている．ここでは，代表的なリラクセーション技法である，呼吸法と漸進的筋弛緩法，自律訓練法について紹介することにしよう．

呼吸法は，リラクセーション技法の中で最も利用されている方法である．三村覚（2013）を参考にすると，リラクセーションを目的に呼吸法を行う場合は，息を①吐いて，②吸って，③吐くという一連の手続きが自然であろう．緊張すると呼吸が浅くなり，息苦しく感じることがある．これは呼吸が浅くなって酸欠状態に陥っているのではなく，過呼吸の状態に陥っていることが原因として考えられている．したがって，まずは息を吐いて，次に吸って，そして吐くという手続きが理想である．しかしながら，一般的には，息を①吸って，②吐く

① 仰臥位になって目を閉じ，両腕両足を楽に広げる。手のひらは下にする。

② 大きく深呼吸する。

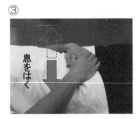
③ 下腹部を大きくへこませるように口から息を吐き出す。

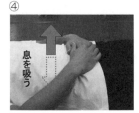
④ 下腹部を大きくふくらませるように鼻から息を吸い込む。

⑤ 吸い込んだところで息を止め，下腹部に力を入れる。

⑥ 下腹部を大きくへこませるように口から息を吐き出す。

図9−1　呼吸法の手続き

という手続きをくり返して行うよう教示されている。そのため，多くの人々が現在も後者の手続きで呼吸法（深呼吸を含む）を実施しているのではないだろうか。ここでは，呼吸法の一つである腹式呼吸の手続きについて三村（2013）を考慮して提示することにしよう（図9−1）。

　初心者である場合，腹式呼吸の姿勢は仰臥位で行うことがやりやすい。なお，継続的に腹式呼吸を行って慣れてきた場合は，座位や立位に移行しても問題ない。まず，息を吐くときには，下腹部を大きくへこませるようにして口から吐き出す。次に，息を吸うときには，下腹部を大きくふくらませるようにして鼻から吸い込む。そして，吸い込んだところで息を止め（止息），下腹部に力を入れる。その後，下腹部をへこませるようにして息を口から吐き出す。その際，息を吐くときは，吸うときの2，3倍の時間をかけてゆっくりと息を吐き出す。息を吐く時間は10〜15秒，息を吸う時間は5秒，息を止める時間は2〜3秒を目安にしていただきたい。この手続きを3〜5回くり返して行う。

漸進的筋弛緩法は，アメリカの神経生理学者であるジェイコブソンが1929年に開発した心理技法であり，随意筋の緊張と弛緩をくり返すことによりリラクセーション効果を求めるものである。漸進的筋弛緩法は，自分の身体の感覚を手がかりにするため，常に自分の身体と向き合って競技に臨んでいるスポーツ選手には，その変化を感じとりやすく，適したリラクセーション技法の一つといえよう。漸進的筋弛緩法の詳細については，10講を参照していただきたい。

自律訓練法は，ドイツの精神医学者のシュルツが1932年に創案した心理技法である。山中寛（2005）によると，自律訓練法の目的は，注意の集中や自己暗示（公式）の練習によって全身の緊張を解き，心身の状態を自己調整できるようになることである。自律訓練法にはいくつかの練習があるが，その中の基本練習である標準練習の「重み」と「温かみ」の練習が，長田一臣（1995）を中心にスポーツでは主に利用されている。自律訓練法の詳細については，10講を参照していただきたい。

4 注意集中技法

「注意・集中」は，「対象そのものに注意を向け，雑念や妨害刺激にとらわれずに，その注意を状況に応じて切り替え，かつ持続させる能力」と定義されている。その能力を獲得するためのトレーニングの方法を「注意集中技法」という。注意集中は，対象となる競技の特徴によって必要とされるものが異なる。たとえば，他者に対するパフォーマンスへの影響を受けにくいクローズドスキルスポーツの射撃やゴルフ，アーチェリーといった標的スポーツでは，ある1点に焦点を定めることが重要とされる。一方，サッカーやバスケットボールといったオープンスキルスポーツでは，相手選手や周囲の状況をはじめ外的要因による影響を受けやすいため，注意の配分を考慮する必要がある。ここでは，注意集中のタイプを分類するとともに，注意集中を高めるための方法について紹介することにしよう。

ナイデファー（1978）は，注意の広い—狭いといった範囲と外的—内的という方向の二つの次元の組み合わせにより注意集中のタイプを四つに分類している（表9-3）。それぞれの象限では異なった注意の仕方が必要であり，しかも状況によって注意をうまく切り替えていく必要があるという考え方により構

表9-3　注意・集中のタイプ（ナイデファー，1978）

External	
〈Broad External〉 複雑で状況が目まぐるしく変化するような場合に最適である。急にゲームのプランを変更修正することが要求されるような立場の人（フットボールのラインバック，速攻に対するディフェンスプレーヤーなど）	〈Narrow External〉 ボールのような外的手がかりに対する反応が要求される場合に最適である。ゴルフ，射撃，テニス，1対1の競技などにおける集中力に必要とされる。
ゲーム前に作戦を立てなければならないコーチに最適。新しい状況に適応した。また選手の要求に即した作戦を立てるために過去の状況を分析することが必要な立場の人。学習速度がはやく，誤ちを繰り返さない。 〈Broad Internal〉	自己認識や自分の緊張の程度を知るのに最適。場合によって緊張したりリラックスしたりできるようになる。 うまく使えば自信がもてるようになる。 〈Narrow Internal〉
Internal	

（『スポーツメンタルトレーニング教本』大修館書店 2005 より引用，改変）

成されている。それらを考慮した上で，対象となる競技に応じて注意集中を高める方法を適宜選定するべきであろう。

　注意の持続性を高める方法には，作業法と妨害法がある。岡村豊太郎（2008）によると，作業法は基礎的作業や技術練習の中で要求される成功回数や達成時間など，決定したプログラムをこなすことによって注意集中の持続能力を高めることを目指す方法である。その方法の中には，隣り合わせの数字を足して1の位のみ記入する作業を制限時間内に連続して行う加算作業や，ゆっくりとした動きの中で身体のバランスに注意を向けるバランス運動，振り子の動きに注意を向けてその動きをコントロールしようとするシュブリエルの振り子などがある。また，妨害法は注意集中を妨げる要因に対する耐性を高めるために，積極的に妨害条件を挿入する方法である。観衆，騒音，課題に類似した曖昧刺激などが妨害条件としては効果的である。屋外スポーツであるならば，雨や風，その他の自然現象の対処の仕方について準備しておくことが重要である。

　注意の切り替え方法としては，アイコントロール法とキーワード法がある。岡村（2008）によると，アイコントロール法は，視線をコントロールする方法であり，二つ以上の対象となる物体を交互に見分けたり，重要な場面では視線を向けるところを事前に決めておき，散漫する注意を集中させたりする方法で

ある。キーワード法とは，注意を向けるべき刺激や対象，動きやこころがまえなどを表す言葉をあらかじめキーワードとして決め，重要な場面で注意がそれそうになったときにその言葉を唱える方法である。

5 イメージ技法

　1984年のロサンゼルスオリンピックで金メダルを獲得した，体操競技の具志堅幸司選手は，練習中に足首骨折とじん帯損傷の大けがをして入院生活を送った学生時代があった。その際，イメージ技法を活用し，入院前には成功したことがなかった演技を退院後に見事成功させたのは有名な話である。このように，イメージ技法を競技に活用しているアスリートは，決して少なくない。しかし，その方法が効果的に行われているのかについては，アスリート自身も不確かな部分が多いのではないだろうか。ここでは，イメージ技法の留意点をはじめ，その効果をより獲得するための手続きについて紹介する。

　イメージ技法とは，頭の中で身体運動を「イメージ」し，その際の身体感覚や情動などの心理現象を体験するトレーニング法であると長谷川望（2008）は述べている。イメージは，視覚だけでなく，聴覚，筋感覚などの複合的感覚を利用して想起することが好ましいといわれている。想起されるイメージの感覚様相に関係するものにはイメージの視点がある。イメージの視点は「外的イメージ」と「内的イメージ」の二つに分類して説明できる。外的イメージとは第三者的な視点で自分自身をみているイメージのことであり，内的イメージとは視点を自分自身の身体内部においた，視覚，聴覚，筋感覚などの複合感覚的なイメージのことである。イメージ能力はイメージの鮮明性とイメージの統御可能性で評価されている。イメージの鮮明性は想起したイメージが鮮明で現実体験と同様にはっきりとしている程度であり，統御可能性は描いたイメージをコントロールできる程度であると長谷川（2008）は述べている。競技レベルの高いアスリートは外的イメージよりも内的イメージを利用することが多く，競技レベルの高いアスリートほどイメージの鮮明性と統御可能性に優れていることが報告されている。

　土屋裕睦（2005）によると，競技においてイメージ技法は，(1)新しい技術や動作パターンの習得，(2)フォームの矯正・改善，(3)競技遂行に先立つリ

ハーサル，(4)心理面の改善・対策として活用されている。そのような中で，効果が期待されるイメージ技法は，四つの一般的な手続きにより構成されている。まずは準備段階として，あらかじめイメージする内容を「イメージストーリー」として枠づけし，これから想起するイメージの場面・状況，自身の心身の状態，周囲の様子などを設定し，チェックポイントの明確化をはかる。次に，自分に適したリラクセーショントレーニングを活用し，自分をリラクセーション状態に導く。そして，作成したイメージストーリーにしたがって，イメージを想起する。イメージ終了後は，その体験を振り返ることが好ましい。

● 参考文献

日本スポーツ心理学会資格認定委員会『スポーツメンタルトレーニング指導士──資格認定・更新の手引き』2013

Vealey, R. "Future directions in psychological skill training." The Sport Psychologist, 2, 318-336, 1988.

平木貴子「メンタルトレーニング③認知行動技法」中込四郎・伊藤豊彦・山本裕二（編著）『よくわかるスポーツ心理学』ミネルヴァ書房 2012

直井愛里「認知行動療法」「心理臨床の技法」「スポーツ臨床」日本スポーツ心理学会（編）『スポーツ心理学事典』大修館書店 2008

慶應義塾大学認知行動療法研究会（編）「うつ病の認知療法・認知行動療法治療者用マニュアル」厚生労働科学研究費補助金こころの健康科学研究事業「精神療法の実施方法と有効性に関する研究」2010

若山裕晃「目標設定スキル」「心理的スキルとトレーニング法」「スポーツメンタルトレーニング」日本スポーツ心理学会（編）『スポーツ心理学事典』大修館書店 2008

石井源信「目標設定技術」猪俣公宏（編）『メンタルマネジメントマニュアル』大修館書店 1997

竹中晃二「行動変容技法」日本スポーツ心理学会（編）『スポーツメンタルトレーニング教本〔改訂増補版〕』大修館書店 2005

三村覚「心の変化は呼吸に表れる（特集："呼吸"の重要性を知る PART3）」『コーチング・クリニック』4月号 ベースボール・マガジン社 2013

長田一臣『日本人のメンタルトレーニング』スキージャーナル 1995

山中寛「自律訓練法」日本スポーツ心理学会（編）『スポーツメンタルトレーニング教本〔改訂増補版〕』大修館書店 2005

石井源信「注意集中技法」日本スポーツ心理学会（編）『スポーツメンタルトレーニング教本〔改訂増補版〕』大修館書店 2005

岡村豊太郎「注意集中のスキル」「心理的スキルとトレーニング法」「スポーツメンタルトレーニング」日本スポーツ心理学会（編）『スポーツ心理学事典』 大

修館書店　2008
Nideffer, R. M. & Sharpe, R. C. *A.C.T.: Attention Control Training.* Wideview Books, 1978.
長谷川望「イメージトレーニング」「心理的スキルとトレーニング法」「スポーツメンタルトレーニング」日本スポーツ心理学会（編）『スポーツ心理学事典』大修館書店　2008
土屋裕睦「イメージ技法」日本スポーツ心理学会（編）『スポーツメンタルトレーニング教本〔改訂増補版〕』大修館書店　2005

トピックス9

世界は考え方ひとつで一変する

「バイエルン・ミュンヘンの監督であれ」と訴えた，オットー・レーハーゲルの眼差しは強く，その言葉に私は圧倒された。彼との出会いは，2013年の冬のことである。ドイツ西部にある工業都市のエッセンという街で，その日は冬のドイツらしいどんよりとした雲におおわれていた。その当時，私は世界トップレベルのサッカー指導者の資質に関する調査研究のため，幾名もの世界的に著名なサッカー指導者のもとを訪れて話をうかがっていた。オットー・レーハーゲルも，その中の1人のはずだった。

その日の面会場所は，彼が指定したエッセン中央駅近くの趣のある喫茶店であり，指定された時間の13時ぴったりに私は入店した。その瞬間，店内を見渡すまでもなく，店員が声をかけてきた。「オットー・レーハーゲル様の席にご案内いたします」と。私が彼の関係者であるとよくわかったなと思ったが，ここはドイツで，私は外国人であることにハッと気づき，我に返って案内にしたがった。

オットー・レーハーゲルは，日本でたとえるところの野球の長嶋茂雄である。ドイツでは彼をFußball-Gott（サッカーの神様）と呼んでいる。ドイツにとってサッカーは国民的スポーツであり，そのサッカー界をけん引してきた彼は国民的スターとして称えられている。2014年現在，世界のサッカーの中心は，スペインやドイツ，イタリア，イングランドといったヨーロッパであるといっても過言ではない。そのような強豪国が連なったUEFA欧州選手権で奇跡ともいわざるをえない快挙をなしとげたのが，オットー・レーハーゲルである。

彼はボルシア・ドルトムント，バイエルン・ミュンヘンなどのブンデスリーガのクラブの監督を歴任した後に，2001年よりギリシャの代表

監督に就任し，2004 年に強豪国がひしめく UEFA 欧州選手権で，下馬評の低かったギリシャを優勝に導いたのである。その手腕が評価され，母国であるドイツの代表監督として就任を打診されたが，共に歩み，成長してきたギリシャの代表監督であり続けることを選び，その人間性に対してドイツだけでなく，ギリシャの国民からの支持も強い。

　彼は，初対面の私をあたたかく迎え入れ，コーヒーを注文した後に，1 枚の白黒写真を私に手渡した。そこに写っていたのは，若かりし頃の彼と選手たちが一緒にランニングしている姿であった。彼は 1 人の選手を指さし，「誰か知っているか？」と私に尋ねた。私は思わず息をのんだが，その選手が日本人初のプロサッカー選手の奥寺康彦であることに気がついた。オットー・レーハーゲルがアジア遠征中に立ち寄った日本で，奥寺康彦のプレイに一目ぼれし，ドイツに引っ張ったという。ある人は，彼と私のこのやりとりをたわいないと思うかもしれない。しかし，このためだけに白黒写真をわざわざ準備してきてくれた彼の人柄が，ここからうかがえたのはいうまでもない。

　ひととおりのインタビューを終え，最後に突っ込んだ質問をしてみた。日本人のサッカー指導者は欧州で活躍できるのか，と。彼は一瞬沈黙し，「わからない。でも，日本がワールドカップで奇跡を起こせば，オファーは必ずくる」とまじまじと私を見つめてそう答えた。それに続いて，「ただし，そのオファーは決して大きなチャンスじゃないだろう。といって，そのチャンスを無下にしてはダメだ。たとえば，きみがバイエルン・ミュンヘンの監督になったら，一瞬一瞬を大切にしてその選手たちと向き合うだろう。目の前にいる選手たちが子どもであっても，バイエルン・ミュンヘンの選手と同じように向き合わなければならない。自分次第で目の前の世界は大きく変わるし，変えられる。きみの目の前で起こっていることがすべてなんだ」という言葉と笑顔を残し，彼はシャルケ 04 の練習場へと向かった。

10講 心理臨床技法のスポーツへの応用

　スポーツ競技における心理サポート（スポーツメンタルトレーニング，スポーツカウンセリング）は，心理臨床場面で培われた理論を背景に発展した技法をスポーツ競技用に応用し実践されているものが多い。この講では，そのようなスポーツ場面で実践されている心理臨床技法について学んでいく。

1節　心理臨床技法とスポーツ

1　スポーツにおける心理サポート

　現在のように競技者に対する心理サポートがさかんに実施されるようになった背景には，アメリカがロサンゼルスオリンピック（1984年）に向け，国の強化策として各競技団体へスポーツ心理学や臨床心理学の専門家を配属し，選手の心理的側面へのサポートを実施したことが大きく影響していると思われる。しかし，わが国ではアメリカやその他スポーツ先進国に先駆け競技者の心理サポートが実施された過去がある。

　わが国では，1964年に開催された東京オリンピックに向けた国の強化策として，日本体育協会スポーツ医科学委員会が設置され，その中の一つに心理対策班が設けられた。心理対策班は，松田岩男らスポーツ心理学を基盤とした研究者と成瀬悟策ら臨床心理学を基盤とした実践家によって構成され，競技者の「あがり」について研究プロジェクトが進められた。この研究プロジェクトにより競技者の競技場面における過度な緊張（あがり）についての対処法や防止策などが研究され，実際にいくつかの競技で具体的な対策が実践された。その内容は，それまで臨床場面で活用されていた催眠法や自律訓練法などといった心理臨床技法を競技者に対して応用的に活用するものであった。

2 心理サポートと心理臨床技法

　1984年にアメリカで展開された心理サポートは，現在でもその活動が続けられており，メンタルトレーニングやサイコロジカルスキルトレーニングと呼ばれている。この呼び方は，こころそのものの鍛錬や心理的課題の根源について取り組む作業というより，心理的な問題や課題が原因となり競技場面に現れてくる事象（たとえば，あがりや注意・集中の乱れなど）に対する対処方策として心理技法（サイコロジカルスキル，メンタル）を習得（トレーニング）するといった要素が大きいことに由来する。そのため，メンタルトレーニングといった場合，スポーツ心理学の研究者が競技者に対して，心理技法を指導することや競技遂行上の妨げとなっている心理的・身体的課題に対して，心理学的視点から助言するといった形式で行われる。

　それに対して，1964年の東京オリンピック以降，実際に日本人選手に対して心理サポートを実践してきた長田一臣は「競技スポーツの選手はスポーツそのものとの直接的関係において人生的悩みが生じてくる。その悩みに対して，相談に応じ，助力を与え，解決を見出してゆくのがスポーツカウンセリング（心理サポート）の機能である。そして，その過程として，言語的手段を媒介としてスポーツマンの認知，感情，態度そして人格の変容をもたらすことを目的としている」と説明している。競技者の場合，心理的な問題や課題が原因となり競技場面に現れてくる悩み（事象）は直接的にその競技者の人生にもかかわるものであり，競技場面だけに着目して対処の仕方を習得するのではなく，最終的には人格の変容を目指して心理サポートを実施していたと考えられる。本講では，このような長田のサポートに対する考え方を背景にスポーツへの応用がなされている心理臨床技法を紹介する。

2節　こころのとらえ方

　心理臨床技法の種類は多くあるが，大きくは三つのこころをとらえる理論を背景に発展してきている。心理臨床技法とはあくまで技法であり，こころの変容をもたらすための手段（方法）であると考えられる。心理臨床技法を使用するだけでなく，使用することでどのようにこころに変容がもたらされたかにつ

いては，先人が積み重ねたこころに関するとらえ方を参考にするとよいだろう。ここでは，力動論，行動論，人間主義的理論について紹介する。

1 力動論

人はスポーツ場面においてすべてのことを意識的に行っているわけではない。また，誰もが少なからず体験したことがあるであろうフロー体験やゾーンと呼ばれる体験では，身体が勝手に動く，時間軸が歪みスローモーションに感じるなどの体験をする。これらも自分の通常の意識状態とは異なるものであり，意識のコントロールが及ばないものである。

このように，こころには本人が意識できている部分と意識できていない「無意識」の部分がある。その無意識の部分と心理現象との因果関係について考えていくのが力動論である。力動論は，精神分析の創始者であるジークムント・フロイトや分析心理学を確立したカール・グスタフ・ユングによって発展してきた。フロイトとユングでは無意識のとらえ方が大きく違う。フロイトは，無意識を意識にとって受け入れることができない都合の悪いものを押し込める場所ととらえたが，ユングは人間のこころの中は，意識が占める領域よりも無意識が占める領域のほうがはるかに大きく，常に無意識の影響を受けながら意識がはたらいていると考えた。つまり，人はほとんどのことは無意識によって動かされており，自分のこころの無意識の部分と上手く付き合うことが重要であることを説いた。

2 行動論

行動論の考え方は「試合で観客が多くいると緊張する。そして，頭が真っ白になり何も考えられなくなる」という人がいるとすれば，その人は大勢の観客が観ているという「刺激」に対して「緊張する」という不適切な反応を学習してしまったために「頭が真っ白になる」という困難な状況が出現していると考えるものである。この不適切な反応の仕方を分析し修正していくことで課題となる状況を克服していくことが行動論を背景とした心理臨床技法の考え方である。代表的なものとして認知行動療法や行動療法があげられるが，いずれも具体的な目的に向かって行動変容を目指すものという特徴がある。

3 人間主義的理論

競技生活の中では，あるがままの自分らしくプレーしたいと願う自分がいるが，チームの方針（社会）や監督（他者）の指導スタイルにより現実はそうはいかないという現状に置かれる。このように現実世界では常に「自分自身」と「他者や社会」とのズレが生じる。もしくは，「理想の自分」と「現実の自分」とのズレが生じることが考えられる。このようなズレについてカール・ロジャースは「自己不一致」な状態と説明し，このような状態では，自分自身に満足ができないため心理的問題が生じると考えた。人間主義的理論を背景とした心理臨床技法では，このズレについて自分自身で気づき，その問題の意味するところを理解することで，今ある自分を受け入れ，肯定的にとらえられるようになることを目指す。代表的な方法としては，クライエント中心療法があり，クライエントが自発的に問題に取り組むことを治療者がサポートするという関係性が重要視される。このような関係性を背景として，ロジャースは，相談に来る人のことを「患者」と呼ばずに「来談者（クライエント）」と呼んだ。

ある選手の悩みに対する「三つのアプローチ」

<選手>
「観客が多いと緊張して体が硬くなる」
⇒そういえば，小さいころから人前では失敗ばかりしている気が…

『力動論』
小学生の時に大勢の前でお母さんに怒鳴られたことが影響？
⇒無意識の抵抗

催眠法などを活用して無意識に働きかけてみよう。そして無意識がどのように働くか理解しよう。

『行動論』
大勢という「刺激」を受けると体に力が入るという間違った行動パターンが身についてしまっている。
⇒不適切な行動パターンを学習

観客の少ないところから徐々に慣れていき，正しい行動パターンを再学習しよう。

『人間主義的理論』
大勢の観客を感動させている自分が理想。でも現実は違う…
⇒自己不一致

今の自分自身についてどう感じるか話しながら考えてみよう。そして，自分を理解し受け入れよう。

図10-1 こころをとらえる各理論からみた一つの悩みの理解

3節　心理臨床技法のスポーツへの応用

ここでは，いくつかの代表的な心理臨床技法について，その理論とスポーツ場面での活用について紹介していく。

1　催眠療法

催眠療法は，祓魔術から動物磁気，そして催眠術へと移り，現代の（精神）力動論的医学体系へとつながる精神療法の流れの中で，現代の精神療法に先立つ原始治療といえる。催眠療法の発展は，ジャンマルタン・シャルコーがヒステリー患者に催眠をかけると「嗜眠」「カタプシー」「夢遊」の3段階を経ることを発見し，ヒステリー患者のみが催眠にかかり，その病理の重さによって症状の表出度合いが違うということを発表したことが大きく影響している。その後，イポリット・ベルネームを中心とするナンシー学派が，催眠術はヒステリー患者にのみかかるのではなく「暗示」の結果であり，催眠術で得られる効果が覚醒状態の人に対する「暗示」でも得られることが証明され，現在のように広く活用されるようになった。ここでは詳しく手順を紹介しないが，一つの方法に催眠誘導法がある。催眠誘導法は，前準備として催眠への動機づけを高める作業があり，その後，①覚醒暗示段階，②運動催眠暗示段階，③催眠暗示段階と進められていく。催眠誘導法は，治療者による他者催眠によって進められる。

（1）変性意識

催眠中は，通常とは違った特異な意識の状態がみられる。この意識状態のことを「変性意識」という。変性意識では，被暗示性が強く（暗示にかかりやすい）覚醒状態と比較して感覚や知覚，運動，思考，記憶などの異常性ないし非現実性が引き起こされるようになる。したがって，イメージ療法や行動療法と併用することで，通常は難しいと思われる心理的な体験やその際の意識的な取り組みを試みやすくなり，心理治療が進めやすくなる。

（2）スポーツ場面での活用

長田（1995）は，自律訓練法を他者催眠的（催眠者が被催眠者に働きかけて

催眠状態へ誘導する場合）に用いて多くの競技者のパフォーマンス向上に成功している。このようにスポーツ場面では，主に，自律訓練法による初期段階において他者暗示的（他者からの合図や言葉によって誘導されているこころの動き）に催眠が用いられることが多く，その後，徐々に主体的努力による自己催眠（自分で自分自身を催眠状態へ誘導する場合）として自律訓練法を実施していくようになる。自律訓練法により変性意識状態（もしくはリラクセーション状態）を獲得し，イメージ技法を併用し試合における緊張場面や成功体験などを何度も繰り返し想起し，イメージの中でそれらの場面を疑似体験することで自己コントロール能力を高めていくことなどがなされている。

2 自律訓練法

　自律訓練法は，ヨハネス・ハインリッヒ・シュルツによって確立された心身のリラクセーション技法であり，自己統制法である。シュルツは，フォクトの自己催眠研究を手がかりとして，自らは催眠の生理学的メカニズムについて研究を進めた。そして催眠について，筋肉と血管の弛緩のもつ生理学的な効果と心理学的な効果が重要であると考えた。このような理論的背景を基礎として，注意の集中と自己暗示の練習により，心身の緊張を解き，自らをコントロールできるようになることを目的に自律訓練法を確立した。自律訓練法は，スポーツ選手の心理サポートの中でも幅広く活用されており，リラクセーション効果だけでなく，イメージ技法と併用することで大きな成果もあげている（長田，1995）。ここでは自律訓練法の手順としてスポーツ場面でよく用いられている「重み（重感）の練習」と「温かみ（温感）の練習」について紹介する。

（1）自律訓練法の手順

　まずは，楽な姿勢をとり目を閉じて，こころの中で「気持ちが落ち着いている，楽に呼吸している」とくり返し唱える。そうなろうとはせず，ただくり返し唱える。次に右手に意識・注意を傾け，「右手が重たい」とくり返し唱える。これを左手―両手―右足―左足―両足―両手両足―全身と順に行っていく。「温かみ（温感）の練習」も同様の手順で行い，こころの中で唱える言葉を「温かい」に変えて行う。

（2）受動的注意集中

自律訓練法は楽な姿勢をとり，目を閉じて身体感覚に注意を向けながら，「公式」と呼ばれる言葉をこころの中でくり返し唱えていく。このときに最も重要なのが，積極的に気持ちを落ち着けようだとか手や足を重く，もしくは温かくしようとはしないことである。自然に心身の状態が変化するのを待つ，そして，それを観察する受け身の態度が必要とされる。このような精神的態度のことを「受動的注意集中」という。

(3) 消去動作

　自律訓練法を行うと催眠中に体験される変性意識に類似した状態となる。そこで自律訓練法の練習後には必ず消去動作といわれる動作を行い，意識の状態をもとの状態（通常の状態）に戻すことが必要となる。手順としては，手のひらの開閉運動，両腕の曲げ伸ばし，大きく伸びをするという動作を徐々に力を強めながらくり返す。

3　イメージ療法

　イメージとは，人がこころに抱く絵のようなものであり，さらには，視覚的なものに限らず聴覚，触覚など五感すべての統合されたもの，すなわちこころの中での「体験」であると考えられる。イメージ療法は，こころの中での体験を治療の中心とする心理臨床技法である。イメージ療法にはさまざまなものがあるが，基本的な進め方はほぼ同様である。はじめにリラクセーション技法を用いて精神的に安定・安静の状態を作り出す。そして，フリー・イメージ法であれば「山でも海でも自分や他人でも自由に浮かんでくるままに」と治療者が教示し，その後イメージ体験をする。イメージ体験中は，治療者の「どんな気持ち？」「まわりはどんな様子？」などの問いかけによりイメージの活性化がなされる。

(1) イメージ体験

　イメージ療法における体験は，その理解よりも体験自体が重視される。そのため，イメージ体験中に感じたことや見たものについて，終わった後に解釈するのではなく，イメージ体験の中に起こる緊張場面や危機的状況に対して，その場面を切り抜ける方法を治療者と話し合いながらイメージ体験を進める。このようにしてイメージ体験中に「その場」を打開する力（方法の工夫）を養う

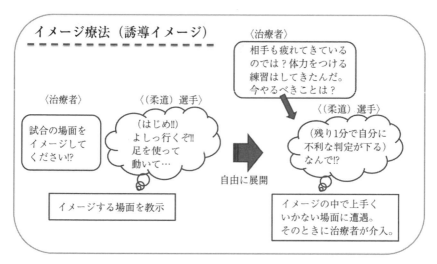

図10-2　イメージ療法の展開

ことが課題となる。そのため，イメージ療法においては，イメージ体験をふくらませること，流れを活性化させることが最も重視される。このようなイメージの活性化には自律訓練法における「受動的注意集中」と同様に出てくるものに抵抗せず受け入れる態度が必要となる。

(2) スポーツ場面での活用

上述したような特徴から，スポーツ場面では自律訓練法とイメージ療法を併用したイメージトレーニングが多くなされており，大きな試合を控えた競技者がその試合のリハーサルとしてイメージ療法を活用している。このような特徴からメンタルトレーニングで行われるイメージ体験を総称してメンタルリハーサルやメンタルプラクティスと呼ぶこともある。

4　漸進的筋弛緩法

漸進的筋弛緩法は，エドモンド・ジェイコブソンによって確立されたリラクセーション技法であり，ジェイコブソンは，筋が緊張していると，その筋が緊張しているという情報が脳に伝達され大脳が興奮しこころが緊張状態となると考えた。さらに，大脳の興奮は運動神経を伝わり今度は末梢に伝達され，末梢

の筋がさらに緊張するという悪循環になり心身がともに緊張すると考えた。そこで，随意的に筋を弛緩させた状態を作り出せば悪循環が逆に好循環となり心身ともに緊張から解放されると考えた。身体感覚を手がかりとして行うため，普段から身体活動を多くしている競技者にとっては取り組みやすい心理臨床技法であると考えられる。ここでは，競技者が実践している方法を紹介する。

〈漸進的筋弛緩法の手順〉

漸進的筋弛緩法は，全身の骨格筋を①手（左右）・腕（左右），②額・目・顔面・首・肩，③胸・腹，④脚（左右）の4筋群，計13部位にわけ，各部位を随意的に60％から70％の力具合で6秒程度緊張した状態を保持する。その後，力を抜き25秒程度，筋が弛緩していく状態に意識を向ける。この動作を部位ごとに2回ずつくり返していく。この緊張の保持と弛緩の自覚を全身でくり返し行っていくことでリラクセーション感を獲得していく（表10－1）。

表10－1　漸進的筋弛緩法の手順

身体部分	緊張6秒間	弛緩25秒間
手	こぶしを固く握り，「こぶし」「手」「腕」に緊張を感じる	手，指の力を抜く
腕	腕を肘で曲げて腕全体に緊張を感じる	腕を伸ばし力を抜く
額	眉をひそめ，強くしわを寄せて，額に緊張を感じる	額のしわがなくなって行くのを感じながら，力を抜く
目	目を固くつぶり，目に緊張を感じる	目を閉じたまま力を抜く
顔面	あごを強く固めて，歯をくいしばり，あごに緊張を感じる	歯をゆるめ力を抜く
首	首をできるだけ後ろに曲げて，首に緊張を感じる	首をゆっくり元の位置に起こしながら，力を抜く
肩	肩をすくめて，上に上げていき，肩に緊張を感じる	肩を下ろし，力を抜く
胸	胸に大きく息を吸い込み，胸板に緊張を感じる	息を吐きながら，力を抜く
腹	腹筋をしめて，おなかに緊張を感じる	お腹の力を抜く
脚	つま先を下の方に押し，足全体に緊張を感じる	つま先を戻し足の全体の力を抜く

5 動作法

　動作法は，成瀬悟策によって確立された行動療法であり，漸進的筋弛緩法と同様に身体動作を手がかりとして心理的変容をもたらすものである。動作法は，星野公夫（1997）によって運動技能の向上にも寄与する可能性が示されており，スポーツ分野においても多くの活用事例がみられる（成瀬，2000）。動作法は，クライエントだけでなく治療者の援助によって動作がなされるのが特徴である。ここではその援助者の役割も含めて動作法の課題の一つ「腕上げ」を例に手順を説明する。

〈動作法の手順〉

　クライエントは仰向けに寝た姿勢で全身の力を抜いてリラックスをする。そこから，両肩甲骨を床面に付けたまま動かさず肩関節の回転のみで腕を上げていく。このとき，なるべく最小限の力量で真上まで動かしていくことが課題となる。しかし，肘を伸ばしたまま腕を上げようとすると，腕に強い力が加わってしまう。大切となるのは「肩関節の回転している感覚」をよく感じることであるため軽く肘を曲げてでもなるべく弱い力で上げていく。それでもなお腕を上げるためには力が必要であるため，治療者が肘のあたりを支え，腕の重さだけを分担し援助する。治療者はクライエントの弱い力に沿いながら一緒のタイミングで動かしていく。こうすることでクライエントは自分の努力の状況がわかりやすくなり，自分のからだの動く感じをしっかりと体験することができる。腕を上げていく道中にある痛みや停滞などの難所について，どのように取り組むかが心理的課題への取り組み方を表すと考えられており，治療者は，クライエントの難所への対応の仕方に着目し援助を行っていく。

6 バイオフィードバック療法

　バイオフィードバック療法とは「バイオ＝生体」の状態を工学機器を用いて音信号や光信号に変換し，それを本人に知らせる（＝フィードバック）ことにより，普段意識できない生体内の情報を知覚して，その状態をコントロールすることを学習するものである。バイオフィードバック療法は，従来，主に心身症者の治療を目的に用いられており，心身の過剰な興奮による生体反応として筋電図や皮膚温，心拍などに現れる不随意な反応をとらえ，それをフィードバ

ックすることでからだに関する適切な認知を回復することを目的として活用されていた。このような要素をスポーツ場面では，競技場面で起こりうる心身の緊張状態に対するセルフコントロールとして活用した。バイオフィードバック療法は，フィードバックされた数値の量的なことを問題とするのではなく，自分にとっての適切である心理状態とそのときのからだの状態を理解し自らのはたらきかけによって心身をコントロールできる能力を身につけることにある。自分の行ったはたらきかけに対してからだが正しく反応しているかどうかを確認するという作業が心身のつながりをもたらすのである。

〈スポーツ場面での活用〉

スポーツ場面における実用事例として，高井秀明ら（2009）によるアーチェリー選手における心拍バイオフィードバックがある。アーチェリー競技では心拍における心室拡張期に発射すると高得点が得られるとされている（石井喜八ら，1996）。そこで，高井は心拍をフィードバックしながら発射させた群と統制群を比較する実験を実施した。その結果フィードバック群は，心室拡張期での発射が増え，得点も向上したことを報告している。

7　認知行動療法

人間は自分の置かれている状況や環境について，どのように考えるか・とらえるかで感情や行動が変化してくる。たとえば，あるマラソン選手が試合で順位が悪かったことについて「自分は本当にダメだ。いくら練習しても才能がないから試合では勝てないんだ」と考えてしまう。しかし，同じ結果であっても「今日も順位は悪かったが，練習でやってきた中盤にペースを落とさないで後半につなげるという課題はうまくいった」というように他の考え方・とらえ方もできる。認知行動療法は，このようにものごとに対する考え方・とらえ方を目的となる行動に対して適切なものに変化させていくものである。人の刺激（ものごと）の考え方・とらえ方は，学習によって習慣化され，一度習慣化されてしまうと全般に対して同じような考え方・とらえ方になりがちである。習慣化された考え方・とらえ方に問題がなければいいが，負の習慣化がみられれば望ましい考え方・とらえ方を再学習しなくてはならない。認知行動療法にはいくつかの治療体系が存在するが，基本的な考え方として，刺激に対する反応

図10-3 エリスのABC理論

（行動）という1対1の関係ではなく，刺激に対して「認知的活動（ものごとのとらえ方）」が存在し，その結果により，反応（行動）が生じると考えるものである。

〈認知行動療法の手順〉

認知行動療法にもさまざまなものがあるが，ここではアルバート・エリスによって創始された論理情動療法を紹介する。エリスは，人は，自分を悩ませるような「事象（A：Activation event）」から直接的に「悩ましい結果（C：Consequence）」が生じるのではなく，その間に「非合理的信念（B：Belief）」が存在し，これこそが悩みや問題となる行動や結果を生じさせていると説明している（ABC理論）。

スポーツ場面で考えると，たとえば，指導者が「B：競技者は，ポジティブでなくてはならない」という強い非合理的信念をもっているとする。その状態では，「A：選手が思い悩んでいる姿やネガティブな姿勢」に共感できず，そのような選手を前にして「C：苛立ち」を感じることになる。このようなときに，指導者が「ネガティブであることは危機管理能力に優れており，ある局面ではいい方向にはたらく」と考えられるようになり，逆に「ポジティブであることは根拠のない早とちりな行動をとることもある」というように「ポジティブであるべきだ」という非合理的信念を再検討していくのである。その結果，「選手はポジティブであれネガティブであれ，個々の持っている個性に気づきそれを生かすことが大事だ」というように新たに合理的な信念の獲得へと動き，「苛立ち」で表されていた行動に変容がもたらされるのである。

8 交流分析

交流分析は，アメリカの精神科医エリック・バーンによって確立された個人のパーソナリティを説明する理論であり，対人関係の問題に対処する心理臨床技法の意味も含んでいる。交流分析は四つの分析から成り立っている。

a　こころの構造分析

人のこころには「親」「成人」「子ども」の三つの部分があり，それらの中から状況によって選択的に「批判的な親」「養育的な親」「成人」「自由奔放な子ども」「順応した子ども」の五つのはたらきをする。

b　交流パターン分析

二者間の交流パターンを観察し，a にある三つの役割と五つのはたらきから，図式などを用いて人間関係を分析していく。

c　ゲーム分析

b の中でこじれた交流，つまり不愉快な感情が表出するやりとりを交流分析ではゲームと呼ぶ。何度もトラブルをくり返す交流パターン（ゲーム）を分析し，そこにある対人関係上の問題点を明確にする。

d　脚本分析

交流分析では，人の人生を一つのドラマだと考える。そのドラマには脚本があり，人はその筋書きにより人生を歩んでいる（無意識の人生計画）と考える。この脚本は，幼児期の親とのかかわりの中で書かれたものであり，人はこの脚本どおりに一生を終えることが多い。しかし，この脚本は，人が成人し現実社会で生きていく場合に邪魔になることが多い。脚本を分析することで，そこから脱却し，自分が望む生き方を選択することが交流分析の最終目標となる。

〈スポーツ場面での活用〉

ペア競技においてパートナー同士の相互理解はパフォーマンス発揮に大きな影響を与える重要な要素といえる。交流分析を実施することを通じて相互理解を深めることはもちろん，関係の改善や役割の明確化，ペアとしての精神状態の把握などに有効であると考えられる。

9　エンカウンターグループ

「エンカウンター」は自己との出会い，他者との出会いといった意味をもつ。エンカウンターのための集団をエンカウンターグループという。エンカウンターグループでは，「他者との出会い交流」を通じてこころとこころの触れ合い，本音と本音の交流が交わされる。このような親密な体験から人間的に成長し「自己理解」を深める体験をすることで自己と出会うことになる。ここでは

二つの代表的な方法を紹介するが，双方に共通するのはファシリテーターと呼ばれるグループのリーダーが存在することである。

(1) 非構成法（ベーシックエンカウンターグループ）

グループは10名前後で構成され，3～5日間ほどの期間を共に過ごす。期間中，セッションといわれる時間が設けられるが，その中でどのような活動をするかはメンバーの主体性に任せられる。メンバー同士の自己紹介でもワークでも何をしても構わない。非構成法はメンバーの個性（力）が流れを大きく左右することから，構成メンバーによっては大きな化学反応を起こし，集団過程（一つの集団としてのこころの動きと集団の中での各個人のこころの動き）がじっくり味わえることになる。

(2) 構成法

構成法は，非構成法とは異なり，ファシリテーターがあらかじめエクササイズと呼ばれる心理的課題を設定しており，場を強く管理構成するのが特徴である。セッションでは，「自己理解・他者理解」「自己受容」「自己主張」「信頼体験」「感受性の促進」などテーマが決められており，その狙いにそって活動が実施される。非構成法に比べ課題についての比重が大きい構成法はメンバーの満足度が高いといえる。

表10-2　構成法と非構成法の比較

	非構成法 （ベーシックエンカウンター）	構成法 （グループエンカウンター）
人数	10名前後	数十名から数百名まで，大人数で行うことも可能
時間	3～5日程度	数時間～数日間
ファシリテーター（指導者）	グループに参加	グループには参加しない
内容	ファシリテーターもグループに参加してプログラムを進行する	ファシリテーターがリーダーとなり，リーダーによって示されるプログラムをグループの成員がこなしていく
重点	人（個々の抱える課題）	課題（プログラム）
交流	深い	浅い場合もある

(3) スポーツにおける活用

　土屋裕睦は，ストレスマネージメントスキルの教育を目的として体育系大学の運動部員に対して構成法を基本としたエンカウンターグループを適用している。その結果，「ストレスマネージメントスキルを体験的に学習できるだけではなく，構成法によるエンカウンターグループの場における集団機能がスキル学習を促進する」ことを明らかにし，さらには，メンタルトレーニング技法をセッションとして取り入れた構成法によるエンカウンターグループによってチームワークの向上や試合での実力発揮といった効果も期待できるとしている。チーム内の相互理解を深めることやチームメイトや自分自身の新しい側面に出会う場として，また集団が成長するきっかけを与えられる方法として，エンカウンターグループは非常に有効であると考えられる。

●参考文献

日本スポーツ心理学会（編）『スポーツ心理学事典』大修館書店　2008
無藤隆・森敏昭・池上知子・福丸由佳（編）『よくわかる心理学』ミネルヴァ書房　2009
中込四郎・伊藤豊彦・山本裕二（編著）『よくわかるスポーツ心理学』ミネルヴァ書房　2012
長田一臣『日本人のメンタルトレーニング』スキージャーナル　1995
内田直『スポーツカウンセリング入門』講談社　2011
上田雅夫（監修）『スポーツ心理学ハンドブック』実務教育出版　2000
星野公夫「メンタルアクティベーション　動作法によってライバルへの捉われから脱却し，自信を回復したサッカー選手」心理臨床学研究，15(3)，225-236，1997
成瀬悟策『動作療法』誠信書房　2000
高井秀明・西條修光・楠本恭久「アーチェリー実射中の心拍音の傾聴が心理・生理的状態とパフォーマンスに及ぼす影響」スポーツ心理学研究，36(1)，13-22，2009
石井喜八・木村季由・薗部正人・山本憲志「洋弓における矢発射時の呼吸・心拍モードの適応」日本体育大学紀要，26(1)，1-8，1996

トピックス10

運動とイメージ

　「重心を感じてみてください」といわれて自分のからだに意識を向けると，おそらく容易に重心を感じとることができるであろう。このような「重心」や「軸」という表現は競技現場には多く存在し，特に指導場面などで技術・動作の伝達の手がかりとしてよく用いられていると思われる。しかし，よく考えてほしい。今感じた（頭に浮かべた）「重心」とはどのようなかたちであっただろうか？　からだのどこに感じたのか？　重さは？　このような詳細を明確にしていくと，意外と人それぞれ違うかたちをしていることがわかる。このように身体感覚や動作の「イメージ」は，実は非常に個人的であり人それぞれ全然違う感じ方をしているのである。

　河合隼雄（1991）は，イメージのあつかい方について，深層心理学と実験心理学との対応を用いて以下のように説明している。深層心理学では，「イメージは，あくまである個人の極めて主観的な体験としてのイメージを問題としている。それは『私』の体験そのものであり，『私』以外に——『私』が表現しない限り——知りようがない」ものであるとしている。反対に実験心理学では，イメージを「『外界の模像』または『知覚対象のない場合に生じる視覚像』のように考え，あくまで外的現実との関連において考えようとする」と説明している（『イメージの心理学』青土社）。また，神経学者であり神経科医のアントニオ・R・ディマジオは，河合とは違う立場から心理学や人の意識という問題に携わっているが，同様にイメージ体験の問題について以下のように説明している。「我々が意識を今後ますます理解していくと，最終的にわれわれは互いに相手の心的経験にアクセスできるのではないかと尋ねられるが，

答えは『ノー』だ。将来，驚異的な新型スキャナーがサンフランシスコ湾を見ている私の脳をスキャンするとしよう。もし，あなたがこうした高性能スキャン・データをもっていれば，たぶんあなたは，私の心の中のイメージ・コンテンツに対する，一連の驚くべき『相関物』を手にするだろう。しかし，そのときあなたはけっして，私の，そのイメージの『経験』を手にしたわけではない」。

　これらのことからわかることは，運動指導場面で行われている一連の運動イメージの共有は非常に不確かであるということである。たとえば，野球の指導者が投手に対して「腕を鞭のようにふれ」と助言した場合，そのイメージは，選手に求める腕の振り方についての「コーチの運動イメージ」なのである。選手は，最終的に自分自身により自分自身の運動イメージをもとにからだを動かし目標となる動作を実行するのであるから，重要となってくるのは，目標となる動作を実行するための自分自身の運動イメージを獲得する（構築する）ことにある。指導者にとっての「腕を鞭のようにふる」という運動イメージは不正解というわけではない。それは選手にとってヒントになることは確かである。しかし，ヒントとなるためには，選手が自分自身をよく観察し自分自身の運動イメージを自覚していることが大前提となる。

　長田は，心理サポートについて「選手が潜在する能力への自覚から自信へと働き，保有する力を十分に発揮できるように助けていくものである」と説明している。自分自身の潜在する能力への自覚とはまさに純粋な自分だけ，つまり「『私』以外に──『私』が表現しない限り──知りようがない……」ということになる。競技スポーツにとっては特にこのような主体的な私の体験が積み重なることが「自信」につながっていくと考えられることから，指導者や選手とかかわる人間の姿勢として，選手の運動イメージを活性化させるようなはたらきかけは常に大事にするべきではなかろうか。

11講　健康スポーツの心理

　運動・スポーツは身体の健康だけでなく，こころの健康にも影響を与えることは周知の事実である。運動・スポーツがこころの健康にどのような影響を与えるかについて「ライフスキル」「運動・スポーツの心理的効果」「ストレスコーピング」といったことから学んでいく。

1節　運動・スポーツとこころの健康

1　健康の定義

　近年,「こころの健康」とか「メンタルヘルス」という言葉がよく用いられる。これまで，健康の定義の中で健康とは単に身体的側面だけを強調し，病気の反対概念であった。その後，WHO（世界保健機関）の憲章前文は「健康とは，単に病気あるいは虚弱でないというだけでなく，身体的，精神的，社会的に完全に良好な状態である」と定義している。

　こころの健康については「精神病でない」「正常である」「適応している」「満足し幸福である」などの定義が提案されているが，精神病，正常，適応という状態そのものの解釈が多様化しているため，これらの定義では十分に説明できなくなっている。「精神病でない」「正常である」「適応している」「満足し幸福である」などが消極的健康の定義と指摘されるのに対して，WHOの健康の定義にみられるように，「精神的，社会的に完全に良好な状態」は積極的定義といわれる。

　こうした定義の変化を経て，健康は単に「疾病─半疾病─半健康─健康」といった疾病との対立ではなく，「いかに生きるか」といった主観的要素や生活内容とその状況的，環境的要因を包括した概念であるという視点が重要視されるようになる。その中で，生活のあり方そのものを問題とする「Quality of Life（生活の質）」の考え方も提唱されるようになった。こうした考え方の中で,

こころの健康は「精神病ではない」「精神的に安定している」といった状態から「生きがい」や「ライフスキル」の獲得といったことが重要視されてきている。

こころの健康の具体的な内容としてはシュルツが五つをあげている。
(1) 自分の生活を意識的にコントロールすることができる
(2) 自分は誰か，自分は何であるかについて知っていること
(3) 現在にしっかりと結びつけられていること
(4) 挑戦し，新しい目標や経験を目指していること
(5) その人らしい独自性をもっていること

2 ライフスキル

我々をとりまく社会や環境の変化は，健康な発育・発達にさまざまな課題を生みだしている。受験戦争，いじめ問題，対人関係能力の低下などにより，特に青少年の悩みや不安，過剰なストレスがみられる。そのストレスに対する耐性の低さや対処の不適切さが健康問題を深刻にしている。このような社会で生きていくために重要になってくるのが，「ライフスキル」である。

ライフスキルは身体的，精神的，社会的健康を増進する上で重要な役割をはたしている。WHO (1997) はこのライフスキルを「日常生活で生じるさまざまな問題や要求に対して，建設的かつ効果的に対処するために必要な能力」と定義している。また，文化や生活環境の違いによってライフスタイルは異なるが，青少年の健康増進の中核となるライフスキルとして，自己認知，他者理解，コミュニケーション，対人関係スキル，感情コーピング，ストレスコーピング，創造的思考，批判的思考，意思決定，問題解決の10のスキル獲得についても提唱している。

生活習慣病は若い時期からの飲酒，喫煙，偏った食生活，運動不足などの生活習慣と密接な関係をもっている。また青少年が日常でのストレスや不安にうまく対処できない場合には不登校，心身症など精神的健康と密接な関係のある問題が生じる。さらに人間関係に関する能力に欠けた場合は社会的健康の面で問題が生じる。このようにライフスキルの獲得は将来において健康に生活するために重要なスキルとなる。

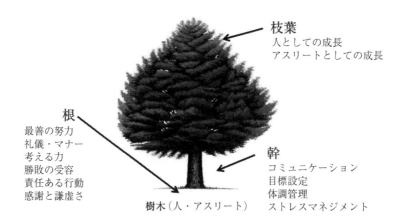

図 11 − 1　樹木のモデル
（『現場で活きるスポーツ心理学』杏林書院 2012 より）

　島本好平は人として成長をうながすライフスキルを 1 本の樹木の成長にたとえて表現している（図 11 − 1）。ここでは最も上に位置づく「枝葉（花や果実を含む）」とは，人としての成長，競技であればスキルの獲得や競技パフォーマンスの向上といったアスリートとしての成長そのものを表している。次に「枝葉」の下位に位置づく「幹」は「コミュニケーション」「目標設定」「体調管理」「ストレスマネジメント」の各側面からなる。人間力の獲得，競技スキル獲得の効率を高め，パフォーマンスの向上を促進するといった成長を直接的に支える役割をはたしている。そして最も下に位置づく「根」は「最善の努力」「礼儀・マナー」「考える力」「勝敗の受容」「責任ある行動」「感謝と謙虚さ」の側面からなり，人として，アスリートとしての成長とそのキャリアそのものを支える役割をはたしている。
　樹木は一生をかけてしっかりと大地に「根」を張り，年輪を重ね「幹」を太くしていくように，人として成長をうながすライフスキルの獲得が必要になる。

2節　運動・スポーツの心理的効果

　運動・スポーツの心理的効果は運動の仕方（短期・長期，軽度・強度，個

人・集団）によって異なる。ここでは運動やスポーツをすることがこころにどのような影響を与えるかについて考える。

1 感情の安定やコントロール能力の向上
（1）心的緊張を低下させる
　身体を動かすことは手足や体幹の筋肉を緊張したり，弛緩したりする。筋肉の弛緩は交感神経の興奮を和らげ，大脳皮質の緊張を低下させる。よって運動によって身体的リラクセーションが行われ，その結果，不安，イライラ，抑うつなどが軽減し，感情が安定する。
（2）運動に夢中になり，ストレスを忘れ，気分転換する
　日常の仕事や学業から離れて，運動に参加し，夢中になることによって，日常生活のストレスを忘れることができる。よって運動をすることにより気分転換が行われ，精神的にリラックスして，心身によい影響を与えることができる。
（3）欲求を充足し，満足感や達成感を得る
　運動に楽しさを感じ，満足感や達成感を味わうことができる。運動により快適な感情を体験することが気分を爽快にし，感情の安定に影響する。
　これら運動やスポーツによるリラクセーションと感情の安定・活性化の関係を示すと図11－2のとおりになる。運動やスポーツを行うことにより，身体的・精神的リラクセーションが得られ，日常生活で緊張した交感神経の興奮が低下したり，ホルモンが分泌される。結果，心的緊張の低下や気分転換が行われたり，満足感や達成感を味わったりすることにより気分爽快になり，感情が安定・活性化する。さらに，感情のコントロール能力が身につくことになる。

2　目標達成意欲の向上
　運動やスポーツにおいて目標を設定し，それを達成しようとする中で苦しい練習を体験したり，試合を経験する。苦しい練習や試合に耐えるための身体的スポーツ耐性や集団活動の中での精神的ストレス耐性は，苦痛への耐性，すなわち忍耐力として高められる。ライアンらは身体的接触のある競技者は接触のない競技者や競技をしていない人よりも苦痛への耐性が高いことを報告している。また近年の高齢者のスポーツでは，主観的幸福感の獲得が報告されている。

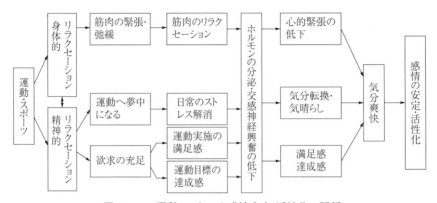

図11-2　運動・スポーツと感情安定・活性化の関係
(『教養としてのスポーツ心理学』大修館書店　2005より)

このようにスポーツ体験を通して目標達成への意欲が向上する。

3　自信の高揚

　運動・スポーツでは練習と競技がくり返される。そして競争場面においては「勝ち―負け」「成功―失敗」が体験される。相手に勝ち，あるいは成功をおさめると，はかりしれない自信が生まれる。したがって，競争で「勝つこと」「成功」をどのように位置づけるかは非常に重要な問題となる。よって，図11－3にあるように失敗したとしても自分の目標が達成できたのであれば成功とみなすことによって，自信が生まれる。勝ち負けにとらわれず，自らの目標を達成することも自信の高揚にとっては重要であるといえる。
　バンデュラは自信を効力期待感と結果期待感に分けている。効力期待感は一定の結果を生み出すのに必要な行動をうまく行うことができるという確信である。そして，結果期待感は一定の行動は一定の結果に導くであろうという個人の見積もりである。この効力期待感を自己効力感と呼び，行動変容の重要な要因であることを指摘している。
　この自己効力感を形成する情報源として四つがある。
　(1) 直接体験：自分で実際に行動し成功すること。
　(2) 代理体験：他者（ビデオ等）を観察することにより，間接的に体験する。
　(3) 対人的影響：周囲からの評価，賞賛。

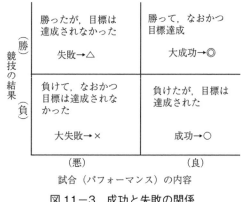

図11-3　成功と失敗の関係

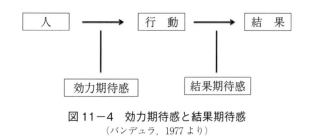

図11-4　効力期待感と結果期待感
(バンデュラ，1977より)

(4) 生理的変化：成功したときの生理的変化を記憶し再現する。

4　判断力や予測力の向上

　技術習得の練習や試合といった競争場面では，さまざまな状況に対して冷静で的確な判断力が必要となる。危機的場面ではすばやい判断，失敗を恐れない決断をする必要がある。また自分の体力，技術に応じて勝利，成功をおさめるための作戦能力も必要になってくる。こうした体験の積み重ねによる判断力や予測力といった認知的能力の向上も運動・スポーツの心理的効果といえる。

5 適応性の向上

スポーツ集団への参加は集団所属への欲求を充足する。集団に所属していること自体がストレス社会でのこころの安定に貢献する。集団内での対人関係や集団への適応性は集団活動を継続する上で，体験しなければならない試練である。集団には性，年齢，技能，体力，性格が異なった人々が集まる。集団所属を継続する過程でも，個人対個人，個人対集団，集団対集団，そして，指導者と仲間といったさまざまな人間関係への適応性が養われる。

3節　運動・スポーツの継続について（行動変容）

運動の刺激によって感情は変化し，適度な運動刺激は気分を爽快にしたり，心地よい疲労感やリラックス感をもたらす。運動後にもたらされるポジティブ感情はネガティブ感情を抑制し，運動のくり返しによってメンタルヘルスの改善や向上が得られると推察される。

しかし，運動がよいと思っていても生活習慣として運動を取り入れるには「行動変容」をうながし「やる気」を引き出すことが重要になってくる。近年，行動理論にもとづく行動変容技法がさまざまな健康行動（飲酒，タバコ，運動，食事など）の改善に用いられる。

1 行動変容ステージモデル

行動変容ステージモデルでは，人が行動を変える場合は，「無関心期」→「関心期」→「準備期」→「行動期」→「維持期」の五つのステージを通る。行動変容のステージを一つでも先に進むには，その人が今どのステージにいるかを把握し，それぞれのステージに合わせたはたらきかけが必要になる。そのポイントについて運動に当てはめ，以下に示す。

(1) 無関心期──まったく健康への改善行動に関心のない時期

〈無関心期への働きかけとして〉

a 意識の高揚：運動のメリットを知る。

b 感情的経験：どんな気持ちになるか考える。

c 環境の再評価：周囲の環境に与える影響を考える。

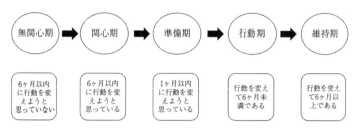

図11−5 行動変容ステージモデル

(2) 関心期——健康への改善行動の必要性は認知しているが,なんら変化はない時期

〈関心期へのはたらきかけとして〉

　a 自己の再評価：自分に及ぼす影響を考える。

(3) 準備期——健康への改善行動を何らかのかたちではじめたりはじめようとしている時期

〈準備期へのはたらきかけとして〉

　a 自己の解放：行動変容することを選び,決意し,表明すること。

(4) 行動期——健康への改善行動に必要性を認識し,行動を実際に変えつつある時期

　　維持期——健康への改善行動が生活習慣として定着している時期

〈行動期・維持期へのはたらきかけとして〉

　a 行動置換：健康的な考え方や行動に置き換える。

　　（例：ストレスに対してお酒の代わりに運動で対処する）

　b 援助関係：周りからのサポートを活用する。

　c 強化マネジメント：自分や他人から褒美や罰をもらう。

　d 刺激の統制：運動しやすい環境作りをする。

　なお,行動変容のプロセスは,常に「無関心期」から「維持期」に順調に進むとは限らない。いったん「行動期」や「維持期」に入ったのに,その後,行動変容する前のステージに戻ってしまう「逆戻り」という現象が起こることがある。

4節 ストレス

ストレスとは物体に外部から力が加わったときに生じる「ひずみ」を意味する用語であった。この用語を生体の世界に導入したのはセリエである。本来，ストレスとは「ひずみ」のことであり，ストレスを引き起こす源は「ストレッサー」と呼んでいる。我々の日常生活では，ストレスという言葉でその両方を意味することが多い。

ストレッサーがあると身体やこころに変化がみられる。この変化をストレス

図11-6　ストレスとは？

表11-1　ストレス反応・症状

身体	疲労，頭痛，腹痛，下痢，便秘，目の痛み，アトピー，じんましん，ぜん息，円形脱毛，若白髪，潰瘍
こころ	不安，抑うつ，怒り，混乱，あせり，孤立感，劣等感
行動	けんか，いじめ，暴力傷害，犯罪，恐喝，遅刻，早退，学校不適応，不登校

反応といい，身のまわりのあらゆる刺激がストレッサーとなる。ストレスすべてが悪いわけではなく，人間にとって生きていく上でストレスは重要で，苦しみや不幸になるストレスだけでなく，喜びや満足感をもたらすものもある。人間は多かれ少なかれストレスを感じながら生きていかざるをえない。ときにはストレスから逃げる必要もあるし，真っ向対決して実感を得るときもあり，その反応は人それぞれである。

1 セリエの汎適応性症候群

人間は危険に遭遇したときにそれに対応するために，生体の身体反応と生理反応を起こす。セリエは，その際，刺激の種類にかかわらず共通して生じる現象を見出した。この現象を汎適応性症候群といい，時間的経過の中で警告反応期，抵抗期，疲憊期といった三つの段階に分けている。

（1）警告反応期

生体は有害刺激やストレッサーに直面すると，身体のあらゆるものを総動員し，これに対処しようとする。そこでは視床下部から副腎皮質刺激ホルモンを放出し，交感神経を興奮させる。これが最初のストレスに対抗する生体の反応である。

（2）抵抗期

そして生体はストレッサーに対して抵抗を続ける。その際，生体はそのストレッサーに対して適応する。しかし，この状態が続くと健康に対する脆弱性が生じる。結果，生体の弱い部分に影響がみられ，高血圧，潰瘍といった症状がみられる。

（3）疲憊期

さらに長い間ストレッサーを受け続けると，生体は適応しきれなくなる。抵抗力を失い，生理的なメカニズムが正常な活動ができなくなり，身体的疾患を起こす。

2 ラザルスの心理的ストレスモデル

ストレスの概念は物理的・生理的な意味をもっていたが，ラザルスとフォルクマンによって心理的な意味をもつようになった。ラザルスとフォルクマンに

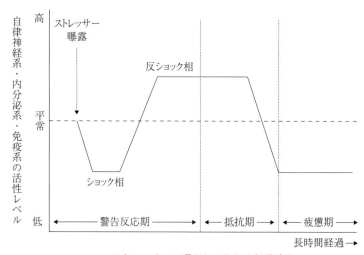

図11-7　セリエの汎適応症候群
(『ストレスと健康の心理学』朝倉書店 2006より)

よる研究では，ストレスには一連の「過程」が存在することを明らかにしている。

　このモデル（図11-8）ではストレッサー（外部からの刺激やプレッシャー，悩みの種といった嫌なできごとに直面したとき，人はそれが脅威で有害なものであるかどうか）を「評価（一次評価）」する。ある事態に直面したとき，まず事態を分析し，評価する。その際，「無関係」「無害―肯定」「ストレスフル」の3種類に区別される。「無関係」とは刺激状況とのかかわりが何の意味ももたない場合である。「無害―肯定」とは肯定的な情動によって良好な状態を維持し強化されると思われる場合である。「ストレスフル」とは自分の価値・目標・信念などが「危ない」「脅かされる」と判断される場合である。そして，直面したときに「たいしたことがない」という事態であればストレスにならず，また「無関係」であったり，「無害―肯定」といった現状が維持されるということであれば肯定的に評価されストレスにならない。

　次に状況を回避し，否定的な情動反応に対処できるかどうかをさらに「評価（二次評価）」する。そこで「ストレスフル」と評定された場合に，その状況を

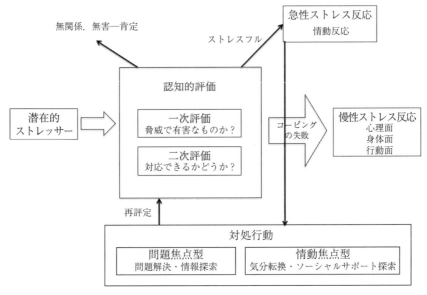

図11-8 ラザルスのストレスとコーピングのモデル
(ラザルスとフォルクマン, 1984より)

処理したり,切り抜けるために事態に対して何ができるか,どのような対処法が可能か,それによって対処することが可能かといった認知的評価を行う。

そして,「対処行動(コーピング:問題焦点型および情動焦点型)」の結果により再評価し,新しい情報や対処反応の結果についての情報から認知的評価を変えていくことにより「適応(心身の良好な状態)」に至るかどうかが決まる。

3 対処行動(コーピング)

ストレスに直面したときにその解決に向けて努力することをコーピングという。よいコーピングはストレス反応を抑えたりなくしたりする。しかしよくないコーピングは,それが新しいストレッサーとなって,次のストレス反応を引き起こす。

コーピングの方法は大きく分けて二つあり,一つは問題焦点型コーピング,もう一つは情動焦点型コーピングで,人間はこの二つのコーピングを使い分け

たり，両方使ったりしながらストレスに対応している。
　問題焦点型コーピング：ストレスとなる問題を解決するための努力や状況分析といった手段的な対処行動
　情動焦点型コーピング：ストレスによって生じる不安・緊張・恐れといった情動の変化を解消することを中心とする対処行動

対処の仕方として以下のようなものがある。
(1) プランをもった問題解決（問題焦点型）
　解決に至るための状況を分析し，問題を解決するために行動する。
(2) 対決的対処（問題焦点型）
　事態を変化させるために，怒ったり，危険のある攻撃的な行動をする。
(3) 社会的支援を求める（問題焦点型，情動焦点型）
　情報的支援を求めたり，情動的支援を求める。
(4) 距離をとる（情動焦点型）
　状況から自分を引き離し，よい状況を作るような認知的努力をする。
(5) 逃避・回避（情動焦点型）
　自分の状況から逃避したり，回避する行動をとる。
(6) セルフコントロール（情動焦点型）
　自分の感情や行動を問題との間でコントロールするよう試みる。
(7) 責任の受容（情動焦点型）
　問題における自分の役割を受け入れ，物事を正しくしようとする。
(8) 肯定的評価（情動焦点型）
　自己の成長のために，状況から肯定的な考えをもてるようにする。

4　ストレス耐性

　ストレス耐性には体力や運動能力に個人差があるのと同じように個人差がある。個人のストレス耐性を超えるストレスが生じたときに「こころ」「からだ」「行動上の問題」に何らかの反応がみられる。同じストレスを受けても身体的症状として現れる人とそうでない人がいる。ストレス耐性は，その人の性格や体質，環境や状況により変わるため，本人の努力・工夫次第では強くすること

も可能である。

　ストレス耐性を高めるには，ストレッサーに気づくこと，また，ストレス状態に陥ったときでもストレッサーをよい方向にもっていくことができるかどうかも重要になる。さらに，ストレスを経験してストレッサーに対して慣れることも耐性を高めるには重要になる。

5　ストレス対処法としての運動・スポーツ

　一般的にストレスの対処法としては，好きなテレビをみる，音楽を聴く，のんびりする，などがある。他に，運動やスポーツ実施も気分転換になるため，ストレス対処行動の一つとしてとらえることができる。適度な運動やスポーツの継続的な実施は，神経や筋肉に刺激を与え，緊張をほぐし，ストレスホルモンの分泌を調整する役割をはたしている。また，運動やスポーツの実施は悩んでいた問題から一時的に離れることができ，また沈みがちな気分をすっきりとすることができる。

　運動やスポーツのストレスへの影響について，橋本公雄らは「運動によるストレス低減モデル」を提示している。このモデルでは，ストレッサーや認知的評価によりストレス状態に陥った場合のストレス解消法として運動やスポーツを位置づけており，それにひきつづき，ストレス低減効果が得られることを示している。ストレスへの対処法として運動・スポーツを用いる場合には，まず自分が取り組む上で楽しいと思える運動を選択すること（運動種目の自己選択），および自分の体力に応じた強度にて運動を行うこと（運動強度の自己決定）により感情のポジティブな変化が生じ，継続（長期）的な実施の鍵となる。また，運動の仕方によっては，運動セルフ・エフィカシー（自己効力感）が高まり，しだいに体力の向上がもたらされ，それと同時にストレスへの耐性が高まる効果もあるとしている。

　運動様式としては，ジョギングやウォーキング，水泳といった有酸素運動や自然環境の豊かな場での多くの身体活動を含む組織キャンプなども気分転換がはかられ，ストレス解消に効果的であると報告されている。さらに運動やスポーツを一緒に行う仲間の存在は継続のためのソーシャルサポート源となるため，気の合う仲間やパートナーと一緒に運動を行うことも効果的となる。

●参考文献

石井源信・楠本恭久・阿江美恵子（編）『現場で活きるスポーツ心理学』杏林書院　2012

小杉正太郎（編）『ストレスと健康の心理学』朝倉書店　2006

九州大学健康科学センター（編）『健康と運動の科学』大修館書店　1998

中込四郎・伊藤豊彦・山本裕二（編）『よくわかるスポーツ心理学』ミネルヴァ書房　2012

竹中晃二（編）『健康スポーツの心理学』大修館書店　1998

徳永幹雄（編）『教養としてのスポーツ心理学』大修館書店　2005

スポーツ実践研究会（編）『入門 スポーツの心理』不昧堂出版　1997

杉原隆・船越正康・工藤孝幾・中込四郎（編）『スポーツ心理学の世界』福村出版　2000

Lazarus, R. S. & Folkman, S. *Stress, appraisal, and coping*. Springer, 1984.

WHO（編）川畑徹朗・西岡伸紀・高石昌弘・石川哲也（監訳）『WHO ライフスキル教育プログラム』大修館書店　1997

Bandura, A. "Self-efficacy: Toward a unifying theory of behavioral change." *Psychological Review*, 84(2), 191-215, 1977.

Schults, D. *Growth Psychology: Models of the Healthy Personality*. Van Nostrand Reinhold Company, 1977.

トピックス11

学生時代に運動経験ありでも油断は禁物

　「学生時代に運動経験あり」という人も安心できない。学生時代に運動部（クラブ）活動でスポーツを行っていた中高年は、自分が運動できると過信する傾向がある。しかし、文部科学省が公表した「平成23年度体力・運動能力調査」で過去に部活動をした経験より、運動を現在行っている頻度のほうが重要であることがわかった。さらに中学・高校で運動部での活動を経験した人は、経験しなかった人に比べて最大で20歳ほど若い人と同じ程度の体力があることがわかった。

　この調査では全国の6～79歳の男女を対象に、「握力」「立ち幅跳び」「上体起こし（腹筋）」など6種目をテストし、各10点満点で採点したものと、「現在、運動をしているか」「中学から大学までの学生時代に部活動をしていたか」などとの関係を調べた。

　テストの記録をポイント化したところ、最もポイントが高かったのは、「経験あり＋毎日運動」という男性で、「経験なし＋毎日運動」という男性と、「経験あり＋運動しない」という男性を上回った。

　「経験あり＋運動しない」と「経験なし＋ほとんど毎日する」を比較すると、「ほとんど毎日する」人が「運動しない」人を上回った。よって、男性では「部活経験はあるが、今は運動していない人」よりも「部活経験はないが、今は毎日運動している人」のほうが、そのときの体力や運動能力は高い水準を維持できていることが明らかになっている。

　女性では「経験なし＋毎日運動」群が「経験あり＋運動しない」群とほぼ同点であった。体力を向上するためには「毎日運動する」という条件が必要であることを裏づけるが、女性に関しては、若いときに運動をしていることによって、ある程度の体力、運動能力は維持されるとも考

えることができる。

　しかし，年齢が上昇すると，運動をしないと体力はどんどん衰えていく。日常生活の中で体を動かす機会をつくり，運動を習慣化することが大切になってくる。

　学校時代に運動部（クラブ）活動でスポーツを行った経験のある中高年は，成人してからもスポーツ・運動を続けている傾向があるが，体力や運動能力を落とさないためには，学生時代の運動より毎日の運動のほうが，中高年男性の体力維持には有効になる。

　ですので，若い皆さんは，今，運動をする習慣を身につけ，それを中高年になってからも維持する努力をしましょう。
　そのためには
・日常生活の中で体を動かす機会をつくり，運動を習慣化することが大切。
・不得意でも運動が楽しいと思える環境を作る。
・通学・通勤・帰宅時のウォーキング，休憩時間の筋トレなど，空いてる時間に取り組む。
・毎日続けることが大切。

　　　　昔取った杵柄よりも……今の地道な運動です！
　　まずは自分でできることから，はじめてみましょう。

12講 スポーツと臨床

わが国における，スポーツと臨床心理学との関係について概観するとき，最も参考となる書籍は，長田一臣による『スポーツとセラピー』である。これは1973年に公刊されたもので，その内容の一部を表12－1に掲げた。鈴木清により書かれた「序にかえて（まえがき）」では，「……この本が，スポーツ・セラピーそのものの体系化の礎石としても役立つことを望みたい」とあり，これがわが国におけるスポーツと臨床心理学に関する嚆矢となる著書であることがうかがえる。Ⅰ部では主として臨床心理的問題や精神疾患，心理療法について，Ⅱ部では体育・スポーツにおける臨床心理学的アプローチについて記載されている。Ⅲ部では現在の特別支援教育に相当する内容が記されていることがわかる。

これをふまえ，本講においては臨床心理学について説明し，スポーツの場面でみられるさまざまな臨床心理学的問題について概観していく。その中で，主に精神医学の領域で取りあつかわれる精神的な疾患についても紹介する。

表12－1 『スポーツとセラピー』の内容の一部

	概　要
Ⅰ部	人間形成とセラピー
	葛藤・障壁・適応障害
	カウンセリングとセラピー
	心理療法
	神経症
Ⅱ部	体育運動とセラピーの関係
	スポーツ選手の治療と心的トレーニング
	治療に伴う性格的変化
Ⅲ部	身体障害者とスポーツ
	矯正教育とスポーツ
	リハビリテーションとスポーツ

1節　スポーツと臨床心理学

1　臨床心理学
（1）臨床心理学とは

　臨床心理学は，こころの健康を取りあつかう心理学の一分野であり，心理的問題のある人をサポートすることをその目的としている。アメリカ心理学会では臨床心理学を，「科学，理論，実践を統合して，人間行動の適応調整や人格

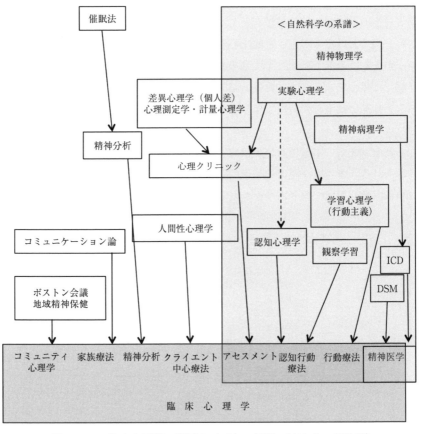

図 12-1　臨床心理学の発展史（下山・丹野，2001 を一部改訂）
（『講座 臨床心理学 1 臨床心理学とは何か』東京大学出版会 2001 より）

的成長を促進し，さらには不適応，障害，苦悩の成り立ちを研究し，問題を予測し，そして問題を軽減，解消することを目指す学問である」と定義している。つまり，臨床心理学は適応と成長のための研究と，問題解決のための実践に寄与する学問である。

(2) 臨床心理学の成立過程

臨床心理学の成立過程は，精神医学と関連があり，そのことを示しているのが図12-1である。催眠療法から精神分析が発展する一方で，自然科学を基礎とした行動療法が発展してきたことがわかる。そして，同様に人間性心理学やクライエント中心療法，家族療法なども発展した。臨床心理学ではこころの問題に対して心理学的にアプローチし，精神医学では医学的にアプローチするところに違いがあるが，臨床心理学と精神医学は互いに補い合う学問分野である。たとえば，臨床心理学は査定（アセスメント）と介入から構成されているが，これは精神医学では診断と治療ということになる。このことからも，両者は非常に関連の深い学問であり，また相補的な関係にあるといえる。

2 スポーツ臨床心理学

(1) スポーツ臨床心理学とは

スポーツ臨床心理学は，臨床心理学の一分野というとらえ方よりも，スポーツ心理学や臨床心理学の知見を，現場で活用することを目的とする学問という位置づけにある。臨床心理学というと，前述のとおり治療的・医学的なニュアンスが感じられるが，主として実践的な活動と考えられる。スポーツと臨床心理学に関する学問が未だ成立しているとはいえないのが現状であるが，『スポーツ心理学事典』の中に「スポーツ臨床」の章があり，その内容からスポーツ臨床心理学のより具体的な概要を知ることができる。

(2) スポーツ臨床の項目

その項目としては，(1)スポーツカウンセリング，(2)スポーツ臨床の方法・見方，(3)心理臨床の技法，(4)スポーツ臨床の対象，(5)スポーツセラピー，(6)アスリートの個性化とスポーツ，(7)スポーツカウンセラーの養成・資格・研修，となっている。

また，「スポーツ臨床の対象」として，運動部不適応・競技引退・摂食障

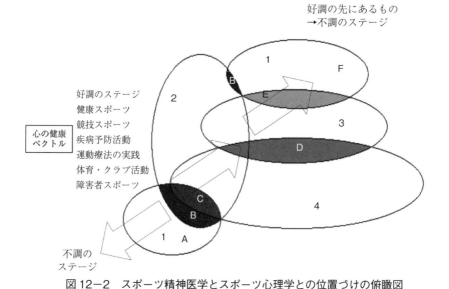

図12-2　スポーツ精神医学とスポーツ心理学との位置づけの俯瞰図
（『スポーツ精神医学』診断と治療社 2009 より）

害・スポーツ傷害・スランプ・バーンアウト・心因性動作失調・過換気症候群・薬物依存・あがり・運動依存，が掲げられている。これらの項目と対象から，現場で起こっている問題に対して，どのように知見を活用していくかに焦点づけられていることがわかる。

(3) スポーツ臨床心理学とスポーツ精神医学

スポーツ心理学とスポーツ精神医学との違いと共通点について黒川淳一（2009）は，図12-2をもちいて説明している。図12-2の中の1～4は各専門家が担当する領域によって分類されている。「1」はスポーツ精神医学で取りあつかわれる領域を示し，「2」は臨床心理士によるスポーツ心理学，「3」がメンタルトレーニング指導士によるスポーツ心理学，「4」を体育教員，スポーツ指導者によるスポーツ心理学の領域としている。そしてその内容はA～Fで示されており，「A」を慢性疲労や気分障害，摂食障害，頭部外傷，身体科とのリエゾン精神医学などとしている。「B」は物質依存や適応障害，不安障害などを，「C」をいじめ，体罰，スランプ対応など，「D」がスポーツと学業の両立や集団生活上の問題，スポーツを通じての自尊感情構築などを示してい

る。「E」については，トップアスリートの養成などを，「F」はオーバーコミットメントや軽躁状態，心身症への対処としている。

そして，各分野の専門家が相互に交流を深め，有機的な連携をはかることにより，スポーツの現場に対してより効率的でよりよいかかわりができると述べている。

2節　スポーツ活動にともなう諸問題

ここでは前節で述べた，スポーツ臨床の対象のいくつかと，新たに対象として取りあつかわれる可能性が高いと考えられるものについて記述する。

1　食行動障害および摂食障害
（1）食行動障害および摂食障害とは

一般に拒食症，過食症と呼ばれる食行動異常が摂食障害である。摂食障害は神経性やせ症（神経性無食欲症）と神経性過食症（神経性大食症）とに大別され，嚥下障害等の機能的な摂食障害と区別するため，中枢性摂食異常症と呼ばれることもある。表12－2は診断基準を示している。このような食行動異常は，当然のことながらスポーツ選手の心身に大きな影響を与えることになる。

（2）スポーツ選手と摂食障害

摂食障害の危険性が高まる時期としては思春期があげられる。この時期はやせ願望が高まり，無理な食事制限をすることや，過剰なエクササイズによりダイエットをすることで摂食障害に陥ることがある。特にアスリートの場合は，ウエイトコントロールとパフォーマンスとの関連から，体操競技やフィギュアスケートといった美しさを競う競技や，マラソン，レスリングなどの競技において摂食障害のリスクが高まる傾向にある。

摂食障害に関しては，9割が女性といわれておりリスクが高いとされる。1997年にはアメリカスポーツ医学会が，女性アスリートの3徴と呼ばれる健康問題について指摘している。3徴とは，相互に関連する「摂食障害」（2007年に「摂食障害の有無にかかわらない利用可能エネルギー不足」に変更）「無月経」「骨粗鬆症」の三つをさしている。

表12-2　DSM-Ⅳ-TRにおける摂食障害の診断基準（一部抜粋）

神経性無食欲症
- A. 年齢と身長に対する正常体重の最低限，またはそれ以上を維持することの拒否．
- B. 体重が不足している場合でも，体重が増えること，または肥満することに対する強い恐怖．
- C. 自分の体重または体型の感じ方の障害，自己評価に対する体重や体型の過剰な影響，または現在の低体重の重大さの否認．
- D. 初潮後の女性の場合は，無月経，すなわち月経周期が連続して少なくとも3回欠如する．

神経性大食症
- A. むちゃ食いのエピソードの繰り返し．むちゃ食いのエピソードは以下の2つによって特徴づけられる．
  - (1) 他とはっきり区別される時間帯に，ほとんどの人が同じような時間に同じような環境で食べる量よりも明らかに多い食物を食べること．
  - (2) そのエピソードの期間では，食べることを制御できないという感覚．
- B. 体重の増加を防ぐために不適切な代償行動を繰り返す．
- C. むちゃ食いおよび不適切な代償行動はともに，平均して，少なくとも3カ月間にわたって週2回起こっている．
- D. 自己評価は，体型および体重の影響を過剰に受けている．
- E. 障害は，神経性無食欲症のエピソード期間中にのみ起こるものではない．

（『DSM-Ⅳ-TR 精神疾患の分類と診断の手引』医学書院 2002 p.213-214 より）

摂食障害のある選手に対するスポーツに携わる者の対処としては，予防と早期発見が重要である．予防としては，選手や家族に対する啓発活動や専門機関との連携，相談できる場を設定することなどが必要である．指導者の立場であれば，過度なプレッシャーを与えないようにすることがあげられる．早期発見としては，体重減少や食事のとり方，月経の欠如などがポイントとなる．

2　薬物依存

(1) 薬物依存とは

スポーツの場面における薬物依存としては，二つに大別されるものと思われる．一つは医学領域の薬物依存であり，もう一つはドーピングである．

医学領域の薬物依存は，「物質関連障害および嗜癖性障害群」と呼ばれている．物質関連障害群は，物質使用障害と物質誘発性障害に分けられる．物質使用障害の中の依存としては，物質使用によって精神的，身体的，社会的に重大な問題を引き起こすものであり，それにもかかわらず物質使用をやめることができないというものである．近年は危険ドラッグの使用が社会問題となってお

表12-3 ドーピングをする選手の特徴

ワドラー・ヘインライン (1989)	・チームワークを乱す危険があり「首切り」の対象となっている選手 ・プレーヤーとして限界に近づいているが「しがみついている」選手 ・体重があまりにも重すぎるか軽すぎるかで，体重の問題を抱えている選手 ・外傷にかかわらずプレーしようとする選手 ・パフォーマンス向上薬を使用することがさまざまなところから「外圧」によって強要されて，それにこたえようとしている選手
根本勇 (1997)	・トップレベルにいるがパフォーマンスは停滞している選手 ・もう一歩で世界レベルになれる選手 ・年齢的に多くの進歩が望めない選手 ・形態的に貧弱で，可能性を試してみたい選手

(村岡功 (2000) をもとに作成)

り，その使用防止が喫緊の課題となっている。使用の原因としては，(1)好奇心（薬物の効果に対する興味や誘惑），(2)気分の落ち込みからの脱却（薬物による逃避），(3)社会に対する反抗，(4)人間関係の問題（所属集団からの圧力など），(5)環境・ストレス（仕事や受験などのため），(6)偶発的依存（治療で使用した薬物への依存），などがあげられよう。

(2) ドーピング

一方，ドーピングは競技力を高めるために，人体に悪影響を及ぼす違反薬物を使用したり，その使用を隠したりする行為である。一般に，ドーピングを禁止する理由として三つあげられている。それは，「選手の健康の問題」「公正さの問題」「社会への悪影響」である。物質使用障害ではその使用の原因として，環境・ストレスなど六つをあげたが，スポーツ競技におけるドーピングの場合にはまた別の使用原因が想定されるであろう。それらをまとめると，(1)個人の利益（成果に対する莫大な報酬や名誉），(2)勝利至上主義（健康を害することもいとわない），(3)組織的な不正（国家や組織の威信），(4)スポーツの商業化（メディア・放映権や商品の宣伝など），が考えられる。いずれにしても，勝つことが競技スポーツの根底にあることから，このことがドーピング行動をとる理由になっているものと考えられる。

スポーツ選手の心理的側面から考え，どういった選手がドーピング行動をとりやすいのかを知ることが，ドーピングの予防・防止の一助となるであろう。表12-3はドーピングをする選手の特徴をまとめたものである。ドーピング問題の解決のために，国際的なアンチ・ドーピング活動が1960年代から展開

表12−4　DSMにもとづく運動依存診断基準の提案

1. 望む効果がえられるまで運動の量を増やす。
2. 運動を止めると不安や落ち着きのなさのような禁断症状を経験する。
3. 特定のルーチンにとどまらず，より長い時間費やす。
4. 運動の時間を減らすことに失敗。
5. 運動とその準備にひじょうに長い時間が費やされる。
6. 運動することを理由に社会的活動や娯楽をあきらめる。
7. 身体的，社会的，心理的に悪影響があるとわかっていても運動を続ける。

（ビール（1987）より）

されており，新たな検査や倫理的アプローチが行われている。それに加えて，スポーツに携わる者には，特に表に掲げられたようなドーピングを行うリスクの高い選手に対する，臨床心理学的アプローチが求められる。つまり，選手のライフサイクルを視野に入れながら，その適応と成長のために心理面をサポートすることが必要なのである。

3　運動依存

(1) 運動依存とは

　運動依存や運動中毒とは，過度な運動への依存によって心身に悪影響を及ぼす現象のことをさす。明確に疾患として規定されているわけではないが，その問題については摂食障害との関係からも指摘されている。毎日熱心に運動を行っていたが，休暇や怪我などにより24〜36時間実施できない場合に，禁断症状や緊張感の増加，罪悪感にさいなまれるなどの症状があらわれる（ピアース，1994）。また，津田忠雄（2008）は運動依存を「余暇時間に制御不可能な過度の運動を絶えず渇望する生理学的・心理学的な依存であり，その運動の頻度，継続においてネガティブなアディクションであり，強迫的，衝動的である。また，傷，病気，疲労あるいは他者のさまざまな要求があるのにもかかわらず抑えきれない衝動のために運動を継続することをしばしば最優先することである」と定義している。このように，運動依存者は友人関係や疲労，痛みなどよりも身体活動を優先する。ただし，DSM-5では運動嗜癖と称される反復性行動については，診断基準を確立するための証拠が不十分とされてる。

(2) 原因と診断

　原因としては，依存者のストレス解消法が運動のみであることや，ランニン

グによりしばしば感じる多幸感が示すような脳内物質による依存形成などが考えられている。またドーピング同様，勝たなければならないプレッシャーから，運動し続けなければならない心理状態に追い込まれる場合もあると思われる。

表12-4はDSMにもとづいて提案された運動依存の診断基準である。この七つの基準のうち三つ以上があてはまった場合に運動依存であると提案している。運動依存に対しては薬物依存と同じように，選手が運動依存の状態にないかを基準を参考にしながら早期発見につとめることが求められる。さらに，その選手は依存状態にあることの認識が欠如していることや，否認していることも想定される。このことから，選手自身の問題に対する気づきを促進させるようなかかわりや，認知行動療法的アプローチによる臨床的なサポートが必要である。

4 バーンアウト

(1) バーンアウトとは

バーンアウトは，もともと医療関係者が長期間の献身的な仕事が十分に報われないことに対して，情緒的・身体的に消耗してしまう状態のことをさしている（フロイディンバーガー，1974）。これをふまえて，スポーツ選手におけるバーンアウトに関しては，競技スポーツにおいて選手が長期間にわたる懸命な努力にかかわらず，十分な成果が得られないという経験が続き，結果として情緒的・身体的に消耗した状態ということができるだろう。

(2) 症状と対処

バーンアウトと類似の状態を示すものとして，オーバートレーニング症候群がある。スポーツ医学の世界では，オーバートレーニング症候群という名称が用いられており，心理学的の領域ではバーンアウトを用いることが多い。オーバートレーニング症候群は，高強度トレーニングの継続や過密なスケジュール，アスリートにみられる過剰なストレスなどによって起こると考えられている。スポーツ活動による疲労から回復できず慢性化するのが特徴である。症状としては，(1)全身の倦怠感，(2)食欲不振と体重減少，(3)睡眠障害，(4)集中力の欠如，(5)気分の落ち込み，などがあげられる。また，ときには特別な理由がわからず原因不明のパフォーマンス低下を示すこともある。この症候群の発生

表12-5 指導者に勧める四つのバーンアウト対処法（ビーリー，2005）

1. 選手の動機づけを高め，無気力にならないように，挑戦的で革命的な練習を取り入れる。また，易しいトレーニングと厳しいトレーニングを混ぜるインターバルトレーニングを取り入れることが効果的である。そして，選手に休みと回復の大切さを説明する。
2. オーバーロードとオーバートレーニングを混乱させない。オーバーロードがオーバートレーニングに変わると，トレーニングの効果が途絶え，練習や試合において良いパフォーマンスができなくなる。バーンアウトは，長期間のオーバートレーニングによりメンタル面を使いすぎたために生じた障害である。そのため，指導者は，選手が身体の健康や集中力を保持できるよう，トレーニングの質に焦点をおく必要がある。
3. 選手が1つのスポーツだけに情熱を注ぐことを重視するのではなく，その他の活動に参加することを勧める。そして，様々な興味や専門分野をもち，多様なアイデンティティや自己概念をもつことが大切である。もし，選手が1つのスポーツを専門的に行うことを望んだ場合は，少なくとも他の活動に参加することを勧める。
4. バーンアウトに陥りやすい性格の選手に対して，心理サポートを提供する。バーンアウトに陥りやすい選手は，完璧なパフォーマンスへのプレッシャーや非現実的な目標に焦点を当て，オーバートレーニングになりやすい。そのため，このような選手がミスを避けるよりも，上手にプレーをすることに集中できるように，指導者がアスリートのミスを受け入れていくことも必要である。

（『これから学ぶスポーツ心理学』大修館書店 2011 より）

機序は十分に解明されていないが，大うつ病性障害との関連も指摘されている。現在のところ，最も大切なことは十分な休息と栄養補給であるとされている。

バーンアウトの早期発見のため，その徴候を把握することはたいへん重要なことである。そのため，上記にあげた症状が選手にみられないか注意する必要がある。また，表12-5は指導者に勧める四つの対処法を示している。これにより選手自身がバーンアウトを回避し，対処できるようになるとしている（ビーリー，2005）。

5 性別違和（性同一性障害）

（1）性別違和（性同一性障害）とは

性別違和は，自分が認識する性別と身体の性別が一致しないため，社会的な機能が低下して苦悩している状態のことである。自分の身体的な性別への不快感や嫌悪感をもち，自分が認識する性別と身体を一致させることを望む。加えて，社会的な役割としても自分が認識する性別で受け入れられたいと希望している。たとえば，身体が男性でこころが女性の場合は，第二次性徴でひげが生

表12−6　DSM-Ⅳ-TRにおける性同一性障害の診断基準（一部抜粋）

性同一性障害

　A．反対の性に対する強く持続的な同一感（他の性であることによって得られると思う文化的有利性に対する欲求だけではない）。
　　　子供の場合，その障害は以下の4つ（またはそれ以上）によって表れる。
　　(1) 反対の性になりたいという欲求，または自分の性が反対であるという主張を繰り返し述べる。
　　(2) 男の子の場合，女の子の服を着るのを好む，または女装をまねるのを好むこと，女の子の場合，定型的な男性の服装のみを身につけたいと主張すること。
　　(3) ごっこあそびで，反対の性の役割をとりたいという気持ちが強く持続すること，または反対の性であるという空想を続けること。
　　(4) 反対の性の典型的なゲームや娯楽に加わりたいという強い欲求。
　　(5) 反対の性の遊び友達になるのを強く好む。
　B．自分の性に対する持続的な不快感，またはその性の役割についての不適切感。
　C．その障害は，身体的に半陰陽を伴ってはいない。
　D．その障害は，臨床的に著しい苦痛，または社会的，職業的，または他の重要な領域における機能の障害を引き起こしている。

（『DSM-Ⅳ-TR 精神疾患の分類と診断の手引』医学書院 2002 p.210-211 より）

えることに違和感や嫌悪感をもつ。一方，身体が女性でこころが男性の場合は，胸がふくらむことに不快感をもつといったものである。表12−6はDSM-Ⅳ-TRにおける性同一性障害の診断基準である。

　治療としては，心理療法によって自分が認識する性別を身体の性別に近づけることは不可能なことから，身体の性別を自分が認識する性別に近づけることになる。

　混同されがちな概念として，セクシャルマイノリティやインターセックスがある。しかしながら性別違和は，性的な対象が同性である同性愛などの概念も含むセクシャルマイノリティや，身体の性別が非典型的であるインターセックスとは異なる概念である。

(2) スポーツと性別違和

　スポーツと性別違和との関係については，正岡美麻・内田直（2009）が詳細に記載している。その内容は，(1)これまでの例，(2)オリンピックでのあつかい，(3)わが国の現状であり，これらの概要については表12−7にまとめて掲げた。

　結論として，スポーツの世界では一貫した対応はとられていないのが現状の

表12−7　スポーツ選手と性別違和（性同一性障害）

これまでの経緯					
年代	競技	選手	身体→こころ	概要	
1970年代	テニス	Renee Richards	男性→女性	性別適合手術後にUSオープン参加	
1999年	ゴルフ	Mianne Bagger	男性→女性	性別適合手術後にアマチュア大会優勝	
2000年代	マウンテンバイク	Michelle DuMaresq	男性→女性	性別適合手術後に世界選手権出場	
2002年	競艇	安藤大将	女性→男性	男性選手としてレースに出場	
2006年	フェンシング	杉山文野	女性→男性	競技引退後に書籍出版	
2006年	サッカー	水間百合子	女性→男性	競技引退後に書籍出版	

オリンピックでの扱い（IOCの規定）

　三つの条件をつけて男女ともに新しい性別での出場を認めている。条件は，①性別適合手術を受ける，②法的に新しい性になる，③適切なホルモン治療を受けて手術後2年間が経過している。

国内競技団体の現状（JOC加盟団体等・JISS・日本障害者スポーツ協会の58団体への調査から）

・IOCの規定を知っている団体が半数以下
・2団体，2名の対応事例
・今後の対応は，①専門分野の人材を招いて協議，②医師に相談，③ケースごとに対応，④IOCや自競技の国際連盟に問い合わせる

（正岡・内田（2009）をもとに作成）

ようである。しかしながら，性別違和のあるアスリートへの対応に関して，スポーツにかかわる者，臨床をこころざす者に向けたメッセージととらえることができる提言がなされている。この記述をもとにスポーツにかかわる1人ひとりが深く考え，よりよい対応の確立を目指していくことが大切であると考える。

　「スポーツおよび医療従事者の方には，当事者が目の前に現れたとき，"話を聴く姿勢"を是非もっていただきたい。当事者のなかには，社会との不適応や抑うつに悩む者も少なくない。そんななかで，彼らにとってスポーツがどのような役割を担っているか，そこに思いを馳せて真摯に話を聴き，対応を考えていただけると幸いである」（正岡・内田，2009）

6 イップス

　イップスは，スポーツ心理学における主要な検討課題の一つである。それはスポーツにおけるパフォーマンスが，選手の技量とは関係なく著しく発揮されないことから必然的に一般の衆目を集めるからであろう。岩田泉（1984）はイップスを心因性運動機能失調と表しており，不安との関連について述べている。表12－8に全般性不安障害の診断基準を示した。DSM-5では，全般性不安障害（全般不安症）の症状の発展と経過の中で「子どもと青年は，学校やスポーツの出来ばえを心配する傾向があり……」や「全般不安症をもつ子どもと青年は，不安と心配は学校やスポーツ行事での自分の出来ばえや有能さにしばしば関連しており，その成績は必ずしも他者によって評価されているわけではない」としている。いずれにしてもイップスと不安とは関連が深く，スポーツ選手がどのように不安に対処していくかは，これからも続いていくテーマであろう。

　田辺規充（2001）は，自身のゴルフでのイップス経験と精神科医という立場から，イップスの対応にあたっている。そしてその経験からイップス対策法をまとめている。それによると，イップスの対策に関しては，(1)イメージトレーニング，(2)脳の回路を使う訓練，(3)道具の工夫，(4)手を使わないようにして打つ方法，(5)薬物療法，としている。

表12－8　DSM-Ⅳ-TRにおける全般性不安障害の診断基準（一部抜粋）

診断基準

A. （仕事や学業などの）多数の出来事または活動についての過剰な不安と心配（予期憂慮）が，少なくとも6カ月間，起こる日のほうが起こらない日より多い。
B. その人は，その心配を制御することが難しいと感じている。
C. 不安と心配は，以下の6つの症状のうち3つ（またはそれ以上）を伴っている（過去6カ月間，少なくとも数個の症状が，ある日のほうがない日より多い）。
　注：子どもの場合は，1項目だけが必要
　(1) 落ち着きのなさ，または緊張感または過敏　　　(2) 疲労しやすいこと
　(3) 集中困難，または心が空白になること　　　(4) 易怒性　　　(5) 筋肉の緊張
　(6) 睡眠障害（入眠または睡眠維持の困難，または落ち着かず熟睡感のない睡眠）
D. 不安と心配の対象がⅠ軸障害の特徴に限られていない。
E. 不安，心配，または身体症状が，臨床上著しい苦痛，または社会的，職業的，または他の重要な領域における機能の障害を引き起こしている。
F. 障害が，物質または一般身体疾患の直接的な生理学的作用によるものではなく，気分障害，精神病性障害，または広汎性発達障害の期間中にのみ起こるものでもない。

（『DSM-Ⅳ-TR 精神疾患の分類と診断の手引』医学書院 2002 p.182-183 より）

3節　スポーツ活動参加前の問題

1　子どもの体力低下

　子どもをとりまく状況の変化にともない，運動ができる環境や時間，機会が減少した。そして，子どもの体力低下や肥満，運動嫌い・体育嫌いといった課題が生じ，スポーツ活動参加への障壁の一要因となっていると思われる。幼児期運動指針（文部科学省，2012）では運動軽視による子どもへの心理的弊害として，(1)エクササイズに親しむ資質や能力の育成の阻害，(2)意欲や気力の減弱，(3)対人関係などコミュニケーションをうまく構築できないこと，などをあげている。運動は子どもの健康的な身体づくりや，生涯にわたる健康維持，さまざまなことに積極的に取り組む意欲を育てるための基盤となる。前掲の指針では，その心理的効果として，「意欲的な心の育成」「社会適応力の発達」「認知的能力の発達」をあげている。

2　発達性協調運動症（発達性協調運動障害）

　近年では，特別支援教育の分野でスポーツや身体活動の効果に関してもさまざまな提言がなされている。特別支援教育の対象である発達障害に関して，限局性学習症や注意欠陥・多動症，自閉スペクトラム症のある子どもについては，発達性協調運動症をともなっていることが多いとされている。発達性協調運動症は，ハイハイや歩行をはじめるのが遅れたり，ボタンをとめることやヒモを結ぶのが困難だったりする，身体的不器用さをもつ子どものことをさしている。表12－9にその診断基準を示している。表では「広汎性発達障害の基準を満たすものでもない」とあるが，DSM-5では削除された。これは発達障害などの疾患との併存率が高いためと考えられる。

　この子どもたちは身体的な不器用さがある影響で，自尊心が低かったり，社会的関係の構築が困難であったりと，さまざまな教育上の問題を生じさせている。そのため，幼児期から適切な支援を行うことにより，早期に対応していくことが重要となっている。このことに関連して，コラムでは海外の支援状況について述べることとする。

表 12−9　DSM-IV-TR における運動能力障害の診断基準

発達性協調運動障害
A. 運動の協調が必要な日常の活動における行為が，その人の生活年齢や測定された知能に応じて期待されるものより十分に下手である。これは運動発達の里程標の著明な遅れ（例：歩くこと，這うこと，座ること），物を落とすこと，"不器用"，スポーツが下手，書字が下手，などで明らかになるかもしれない。 B. 基準Aの障害が学業成績や日常の活動を著明に妨害している。 C. この障害は一般身体疾患（例：脳性麻痺，片麻痺，筋ジストロフィー）によるものではなく，広汎性発達障害の基準を満たすものでもない。 D. 精神遅滞が存在する場合，運動の困難は通常それに伴うものより過剰である。

（『DSM-IV-TR 精神疾患の分類と診断の手引』医学書院 2002 p.52 より）

4節　スポーツ活動の離脱にともなう問題

1　引退による競技からの離脱

　競技種にもよるが，一般に競技からの引退は避けることができない。そのため，引退に対する準備を進めておくことが必要と思われる。競技引退に関して，大場ゆかり（2000）はベイリー（1993）の指摘をあげながら，引退の前後に分けて，引退前の支援として「引退に対するポジティブな態度の養成と，引退に際して経験する感情の理解を目的としておこなうもの」と述べている。また，引退後については「情緒的な支援が重要」とし，カウンセリングにより個人的成長をうながすことを目的とした支援の必要性をあげている。その他にもキャリア開発を目的とした支援の大切さや，今後の「競技引退研究の方向性」についても解説している。

2　スポーツ傷害による離脱

　スポーツ傷害に対する心理学的アプローチについて岡浩一朗（2000）は，(1)スポーツ傷害の発生に関与する心理的要因，(2)スポーツ傷害予防のための心理的介入，(3)受傷した選手のリハビリテーションにおける心理的問題，(4)スポーツ傷害リハビリテーションにおける心理的援助，の四つに分けて概観している。発生要因では，スポーツ障害の発生に関与する心理社会的要因として，アンダーセンとウィリアムス（1988）の考え方をあげ，選手が緊迫したストレ

スフルな場面に遭遇した場合に,「筋緊張や視野狭窄,注意散漫といった状態」に陥り,結果として傷害発生のリスクが高くなるとしている。

また,心理的介入に関しては漸進的弛緩訓練やイメージトレーニングなどで,スポーツ傷害を予防した例を紹介するとともに,受傷した選手が抱える心理的問題をあげている。それは,(1)パフォーマンス低下,(2)再発の不安や恐怖,(3)離脱にともなう焦燥感や切迫感,(4)重症からくる絶望感,などであった。これらに対して,早急に心理的支援のためのガイドラインを作成し普及させることが重要と述べている。

● 参考文献

長田一臣『スポーツとセラピー』道和書院　1973
下山晴彦（編）『よくわかる臨床心理学〔改訂版〕』ミネルヴァ書房　2009
下山晴彦・丹野義彦（編）『講座臨床心理学1 臨床心理学とは何か』東京大学出版会　2001
全米アスレチックトレーナー協会（編）辻秀一（監訳）『スポーツ選手の摂食障害』大修館書店　1999
西園マーハ文「スポーツ選手の摂食障害と精神科医の役割」スポーツ精神医学, 2, 22-27, 2005
De Coverley Veale "Exercise dependence." *British Journal of Addiction*, 82(7), 735-740, 1978.
荒木雅信（編）『これから学ぶスポーツ心理学』大修館書店　2011
田辺規充『イップスの科学』星和書店 2001
中込四郎・伊藤豊彦・山本裕二（編）『よくわかるスポーツ心理学』ミネルヴァ書房　2012
村岡功「スポーツ場面における薬物使用」上田雅夫（監）『スポーツ心理学ハンドブック』実務教育出版　2000
Pierce, E. F. "Exercise dependence syndrome in runners." *Sports Medicine*, 18, 149-155, 1994.
津田忠雄「運動依存」日本スポーツ心理学会（編）『スポーツ心理学事典』大修館書店　2008
Freudenberger, H. J. "Staff burn-out." *Journal of Social Issues*, 30, 159-165, 1974.
正岡美麻・内田直「アスリートと性同一性障害」日本スポーツ精神医学会（編）『スポーツ精神医学』診断と治療社　2009
岩田泉「スポーツ競技での心因性運動機能失調とはどのようなことか。その種類と治療法にどのようなものがあるか。」日本スポーツ心理学会（編）『スポーツ心理学Q&A』不昧堂出版　1984
大場ゆかり「エリートスポーツ選手の競技引退」上田雅夫（監）『スポーツ心理学

ハンドブック』実務教育出版　2000
Baillie, P. H. F. "Understanding retirement from sports : Therapeutic ideas for helping athletes in transition." *The Counseling Psychologist*, 6, 77-98, 1993.
岡浩一朗「スポーツ障害に対する心理学的アプローチ」上田雅夫（監）『スポーツ心理学ハンドブック』実務教育出版　2000
Anderson, M. B. & Williams. M. "A model of stress and athletic injury : Predicting and prevention." *Journal of Sport and Exercise Psychology*, 10, 294-306, 1988.
高橋三郎・大野裕・染矢俊幸（訳）『DSM-Ⅳ-TR 精神疾患の分類と診断の手引』医学書院　2002（American Psychiatric Association *Quick reference to the diagnostic criteria from DSM-Ⅳ-TR*. Amer. Psychiatric Pub., 2000.）
日本精神神経学会（監修）高橋三郎ら（訳）『DSM-Ⅴ 精神疾患の診断・統計マニュアル』医学書院　2014（American Psychiatric Association *Diagnostic and statistical manual of mental disorders: DSM-Ⅴ*. Amer. Psychiatric Pub., 2013.）

トピックス12

発達障害のある幼児に対する海外の運動指導の動向

イタリア，アメリカ，ドイツの動向（例）について

1．イタリア（ボローニャ市のUISP（イタリアみんなのスポーツ連合））の例（依田充代・齋藤，2013）

　UISPで障害のある子どもたちに対する組織的活動がはじまったのは2010年からである。指導者はISEF（イタリアスポーツ大学）卒業者が多く，パラリンピック委員会が開催している2週間の週末に2回ある講座を受けることを奨励している。

　また，専門家のもとで25時間の研修を受けること，UISPが行っている36時間の講習と30時間の実習を行い，筆記と実施試験を受けることを2012年度は課題としていた。

　障害のある人に対するスポーツ活動は，(1)全員障害のある人でグループワークを行う，(2)とくに重度な障害のある人に対する1対1の活動，(3)障害のある人をない人たちの中に溶け込ませる活動，の三つである。子どもたちの場合は，(2)と(3)になる。あらゆる障害に対してプログラムが作成され，その内容は障害活動プログラム責任者や理学療法士などが，子どもをとりまく生活全体を検討して作成する。0～6歳の場合はグループ活動に家族の協力が欠かせないものとなっている。

2．アメリカ（カリフォルニア州のリージョナルセンター）（鈴木悠介・齋藤，2013）

　カリフォルニア州では，ランタマン法にもとづきリージョナルセンターが年間約14万人の発達障害児やリスク児とその家族を支援してい

る．センターでは3歳までを対象としており，その後は学校区が中心となる．指導はアダプテッド体育専門教員により，障害児学級や通級指導教室において少人数で実施される．このアダプテッド体育専門教員の存在が大きなポイントである．アダプテッド体育専門教員は障害と体育という両方の専門性をもちつつ教育にあたっている．わが国でも同様の資格制度の発足が期待される．

さらに，センターでは運動発達検査TGMD2（Test of Gross Motor Development ed2）についても，アダプテッド体育専門教員が中心となって検査を行っている．

3．ドイツ（デュッセルドルフ市）(高井秀明・齋藤，2013)

市が運営する子ども早期支援センターは1998年に創立され，ここで行われる運動指導は，0〜6歳までの視覚・聴覚に障害のある子どもや発達障害のある子どもを対象としている．理学療法士の資格と補助訓練という各科目を3ヶ月以上学んだ者が運動療法を行うことができる．

理学療法士による運動療法も1回30〜45分間，週3日にわたって行われる．実施される運動療法は神経心理学の理論にもとづいたものである．すべての運動指導は，理学療法士を中心に各専門家と相談した上で決定されるが，とくに身体的なバランス能力を鍛えるための運動を取り入れている．これにより，身体の力を必要に応じて調節しながら発揮できるような力を育てている．

ここでの運動指導は，運動支援といったほうが適切かもしれない．これまでは，著明な研究者が考案した方法を子どもたちの意思とは関係なく指導してきた．しかしながら，最近では子どもの"やる気"を喚起させることを中心に支援を行っている．

人名索引

■ア行
アイゼンク　70
アダムス　55
アリストテレス　9
アンデーセン　197
ヴィゴツキー　41
ウィリアムス　197
ヴント　10
エビングハウス　9
エリクソン　41
エリス　158
長田一臣　14, 81, 115, 127, 139, 148, 151, 163, 183
オルポート　69

■カ行
ガーフィールド　118
カプラン　96
河合隼雄　162
川喜田二郎　32
キャッテル　70
キュルペ　11
グレシャム　108
クレッチマー　68
クレペリン　11
ケーラー　54
コスタ　70

■サ行
ジェイコブソン　139, 154
シェルドン　69
ジェンセン　39
シャルコー　151
シュヴァルツ　110
シュテルン　38
シュプランガー　69
シュミット　56
シュルツ　139, 152
ジョーンズ　124
シンガー　81
スキャモン　42
スピルバーガー　77
セリエ　174
セリグマン　89
ソーンダイク　13

■タ行
田中寛一　13
ティチナー　11
デカルト　9
デシ　87
ドットソン　116
トロクセル　124
トンプソン　72

■ナ行
ナイデファー　139
楢崎淺太郎　13
成瀬悟策　156
西周　11, 18

■ハ行
バーガー　46
パブロフ　54
バーン　158
ピアジェ　39
ピアース　190
ビーリー　134, 135, 192
フィヒテ　12
フォクト　152

フォルクマン　174
プラトン　9
フロイディンバーガー　191
フロイト　41, 149
ベイリー　197
ヘヴン　11, 18
ペスタロッチ　12
ベック　135
ベルネーム　151
ヘルバルト　11, 12
ホール　11
ポルトマン　42
ポールトン　53

■マ行
マイヤー　89
松井三雄　13, 15
マックレー　70
松田岩男　74, 147
松本亦太郎　11, 13
三隅二不二　106
ミュラー　10
ミューラー　92
モイマン　11, 12
元良勇次郎　11

■ヤ行
ヤーキス　116
矢田部達郎　19
矢田部良吉　19
ユング　68, 149

■ラ行
ライアン　87
ライン　12
ラザルス　174
ルクセンブルガー　38
ロジャース　150

■ワ行
ワイナー　90
渡辺徹　13

事項索引

■ア行

アイコントロール法　140
アイデンティティ　121
あがり　76, 81, 131
アクティベーション　79
アセスメント　134
暗示　151
イップス　195
イメージ　135, 141, 153
——技法　125, 135, 141
——ストーリー　142
——トレーニング　129, 195
——能力　141
——の鮮明性　141
——の統御可能性　141
——療法　153
引退　197
内田クレペリン精神作業検査（UK 検査）　71
うつ病　135
運動依存　186, 190
運動イメージ　163
運動学習　52
運動神経　154
運動・スポーツの心理的効果　167
運要素　91
エンカウンター　159
——グループ　107
恐れ　124
オーバートレーニング症候群　191
オープンスキル　53
——スポーツ　139

■カ行

外向性　68

外在的フィードバック　62
外的イメージ　141
外的調整　87
外発的動機づけ　86
学習曲線　57
学習性無力感　88
覚醒（興奮）水準　116
格闘型競技　116
過剰学習　63
家族療法　185
課題達成機能　106
課題の困難さ要素　91
間隔尺度　27
感覚知覚論　10
感情　135
技術　52
記述統計　28
基礎技法　134
基礎スキル　134
技能　52
気分プロフィール検査（POMS）　71, 137
帰無仮説　30
客観的目標　94
キャリアサポート　120
キャリアトランジッション　120
教育心理学　12
教育的教授　12
仰臥位　138
競技特性　115
競技の心理　115, 126
凝集性　104
キーワード法　140
筋電図　156
筋疲労　124
クライエント中心療法　185

事項索引　205

クラスタリング　137
グレーディング　53
クローズドスキル　53
ーースポーツ　139
軍事心理学　15
けが　115, 123, 124, 125, 126
結果目標　94, 136
原因帰属理論　89
原因の所在次元　91
限局性学習症　196
健康　165
顕在性不安検査（MAS）　71
源泉特性　70
現場研究（フィールドワーク）　24
向性検査　71
行動　135
ーー変容　136, 171
ーー変容ステージモデル　171
ーー目標　94
ーー療法　156, 185
ーー論　149
交流分析　158
呼吸法　137
国際応用スポーツ心理学会　132
国立スポーツ科学センター　132
個人型競技　116
個人スポーツ　136
個人目標　136
五段階教授説　12

■サ行
座位　138
サイキングアップ　79
催眠術　151
催眠誘導法　151
催眠療法　151, 185
作業法　140
サポート資源　126
自我同一性　121
自己暗示　139

思考　135
自己価値　87
自己決定理論　87
自己効力感　169
自己不一致　150
止息　138
自尊感情　77
実験　23, 31
ーー教育学　12
ーー教育学入門講義　12
ーー心理学　162
質的研究　32
失望感　124
自動思考　135
自閉スペクトラム症　196
社会心理学　101
社会的スキル　108
社会的動機　92
従属変数　31
集団維持機能　106
集団スポーツ　136
集中法　61
習得の行動　51
主観的目標　94
主題統覚検査（TAT）　72
受動的注意集中　153
シュブリエルの振り子　140
順位尺度　27
状況判断能力　115, 116
消去動作　153
焦燥感　124
状態・特性不安検査（STAI）　71, 77, 137
状態不安　77
情緒混乱　124
情動　141
ーー焦点型コーピング　177
承認動機　92
食欲低下　124
自律訓練法　79, 125, 137, 139, 152
事例研究　24

心因性運動機能失調　195
心因性動作失調　186
心誌　69
心室拡張期　157
心身二元論　10
深層心理学　162
身体感覚　141, 162
心拍　156
心理学講話　13
心理技法　122, 129, 134
心理検査　137
心理査定　135
心理サポート　122
心理診断　135
心理的競技能力診断検査（DIPCA.3）　75, 137
心理的スキル　134
心理的ストレスモデル　174
心理的特性　101, 115
随意筋　139
推測統計　28
スキーマ　135
――理論　56
スキル　52
ストレス　173
――関連障害　135
――耐性　177
ストレッサー　173
スペーシング　53
スポーツカウンセラー　118
スポーツ競技特性不安尺度　75
スポーツ集団　101
スポーツ傷害　197
スポーツ心理学　132
スポーツ適性　74
スポーツメンタルトレーニング指導士　118, 133
スランプ　58
精神疾患　135
精神分析　149, 185

精神療法　135
生得的行動　51
性別違和（性同一性障害）　192
セカンドキャリア　121
セクシャルマイノリティ　193
摂食障害　135, 185, 187
セルフモニタリング　137
全習法　60
漸進的筋弛緩法　79, 125, 137, 139, 154
促進スキル　134

■タ行
体協競技意欲検査（TSMI）　75
対処行動（コーピング）　176
タイミング　53
短期目標　95, 136
チームビルディング　107
チーム目標　136
注意欠陥・多動症　196
注意集中　139
――技法　135, 139
注意・対人スタイル診断テスト（TAIS）　71
注意の切り替え　140
注意の持続性　140
注意の集中　139
注意の配分　139
中期目標　95
長期目標　95, 136
調査研究　23
調整なし　87
疲れ　124
DSM　191, 193, 195
敵意　124
転移　59
同一化（同一視）的調整　88
動機づけ　83
東京オリンピック　131
統合失調症　135
統合的調整　88

事項索引　207

動作　162
東大式エゴグラム　71
動物行動学的理論　110
動物磁気　151
特性不安　77
特性論　69
特別支援教育　196
独立変数　31
ドーピング　188, 189
取り入れ的調整　88
努力要素　91

■ナ行
内向性　68
内在的フィードバック　62
内的イメージ　141
内発的調整　88
内発的動機づけ　86
日誌　137
日本スポーツ心理学会　16, 133
日本体育学会　16
日本体育協会スポーツ医科学委員会　131, 132
人間主義的理論　149
人間性心理学　185
認知行動療法　135, 149, 157
認知の歪み　135
認知判断力　115
認知理論　54
NEO人格目録改訂版（NEO-PI-R）　70
ネット型競技　116
能力要素　91

■ハ行
バイオフィードバック療法　156
バウムテスト　72
パーソナリティ　67
　——障害　135
発達性協調運動症　196
パフォーマンススキル　134

バランス運動　140
バーンアウト　186, 191
PFスタディ　72
ピークエクスペリエンス　118
ピークパフォーマンス　79, 115, 117, 118, 129
ビッグ5　70
皮膚温　156
表出特性　70
標準偏差　29
標的型競技　116
比率尺度　27
ファシリテーター　160
不安　124
　——障害　135
VAS（Visual Analog Scale：視覚的評価スケール）　28
フィードバック　61
フィールド型競技　115
フェアープレーの精神　102
武器型競技　115
複合的感覚　141
腹式呼吸　138
不信　124
不眠　124
プラトー　58
フロー　118
プロセス目標　136
文献研究　24
分散法　61
分習法　60
文章完成法検査（SCT）　72
分析心理学　149
閉回路理論　55
ベース型競技　115
奕般氏著 心理学　11, 18
ペルソナ　67
ヘルバルト学派　12
変性意識　151
妨害法　140

ホームアドバンテージ 109
ホームワーク 135

■マ行
みなし尺度 28
ミネソタ多面人格目録（MMPI） 71
名義尺度 27
メンタルトレーニング 129, 131
Mental Philosophy 11, 18
メンタルプラクティス 125, 154
メンタルマネジメント 132
メンタルリハーサル 154
目標 93
──設定 94, 136, 137
──設定技法 135, 136
──の修正 95
──の評価 95
──の評価と修正 96
モーズレイ性格検査（MPI） 71
モラール（士気） 105
問題焦点型コーピング 177

■ヤ行
薬物依存 186, 188
矢田部・ギルフォード（YG）性格検査 71
やる気 83
有意差検定 30
有能感 94
幼児期運動指針 196
抑うつ 124
予備実験 23
予備調査 23

■ラ行
来談者（クライエント） 150
ライフスキル 166
ライプツィヒ大学 10
力動論 149
リーダーシップ 106

リラクセーション技法 135, 137
リラクセーショントレーニング 142
リラックス法 129
臨床心理学 132
臨床心理士 118
類型論 68
霊魂論（デ・アニマ） 9
レミニッセンス効果 61
連合理論 54
ロサンゼルスオリンピック 132, 141
ロールシャッハテスト 72
論理情動療法 158

編著者

楠本 恭久（くすもと やすひさ）　日本体育大学名誉教授

執筆者〈執筆順，（　）内は執筆担当箇所〉

楠本 恭久（くすもと やすひさ）	（1講）	編著者
三村 覚（みむら さとる）	（2講）	大阪産業大学
續木 智彦（つづき ともひこ）	（3講）	西南学院大学
須田 和也（すだ かずや）	（4講）	共栄大学
佐々木 史之（ささき ふみゆき）	（5講）	環太平洋大学
園部 豊（そのべ ゆたか）	（6講）	帝京平成大学
佐藤 雅幸（さとう まさゆき）	（7講）	専修大学
立谷 泰久（たちや やすひさ）	（8講）	国立スポーツ科学センター
高井 秀明（たかい ひであき）	（9講）	日本体育大学
秋葉 茂季（あきば しげき）	（10講）	国士舘大学
平田 大輔（ひらた だいすけ）	（11講）	専修大学
齋藤 雅英（さいとう まさひで）	（12講）	日本体育大学

はじめて学ぶ スポーツ心理学 12 講

2015 年 1 月 20 日　初版第 1 刷発行
2025 年 2 月 1 日　　　第 4 刷発行

編著者　　楠本 恭久
発行者　　宮下基幸
発行所　　福村出版株式会社
　〒104-0045　東京都中央区築地 4-12-2
　電話 03-6278-8508　FAX 03-6278-8323
　https://www.fukumura.co.jp
印刷　モリモト印刷株式会社
製本　協栄製本株式会社

©Yasuhisa Kusumoto　2015
Printed in Japan
ISBN 978-4-571-25043-9
乱丁本・落丁本はお取替え致します。
定価はカバーに表示してあります。

福村出版◆好評図書

杉原 隆 編著
生涯スポーツの心理学
●生涯発達の視点からみたスポーツの世界

◎2,800円　ISBN978-4-571-25039-2　C3075

生涯発達の視点からスポーツ心理学を再考する。生涯スポーツの指導にかかわる全ての人たちの必読書。

橋本公雄・斉藤篤司 著
運動継続の心理学
●快適自己ペースとポジティブ感情

◎2,300円　ISBN978-4-571-25044-6　C3011

運動者が獲得した「快適自己ペース」と「ポジティブ感情」の増加が，運動の継続に役立つことを検証する。

阿江美恵子 著
スポーツ心理学からみた体罰の防止と指導者・競技者育成
●人間にとってスポーツとは何か。デュアルキャリアの視点から

◎3,500円　ISBN978-4-571-25059-0　C3075

スポーツ指導から暴力をなくすための方策と，生涯にわたるキャリアを見据えた選手育成の環境整備を提案する。

中谷素之・岡田 涼・犬塚美輪 編著
子どもと大人の主体的・自律的な学びを支える実践
●教師・指導者のための自己調整学習

◎2,800円　ISBN978-4-571-22060-9　C3011

学校教育，スポーツ，医学教育など多様な現場で行われている自己調整学習の研究・実践の具体像を示す。

藤後悦子・井梅由美子・大橋 恵 編著
スポーツで生き生き子育て＆親育ち
●子どもの豊かな未来をつくる親子関係

◎2,200円　ISBN978-4-571-24080-5　C0075

将来にわたり社会で活躍する力を，スポーツを通して子どもに身につけさせるには？　心理学の知見から考える。

藤後悦子・山極和佳 編著／NPO法人多汗症サポートグループ 協力
誰にも言えない汗の悩み
●多汗症のための心理学的・医学的サポート

◎2,000円　ISBN978-4-571-24118-5　C0011

汗で困っている人必読！　汗の悩みの数々を紹介し，心理学・医学の専門家が多汗の対処法をアドバイスする。

杉浦克己 著
スポーツ選手もココから学ぶダイエットフィットネスの基礎知識

◎1,500円　ISBN978-4-571-50008-4　C0075

トップアスリートの栄養指導も行う著者が，真に健康な身体をつくるためのダイエット法をわかりやすく解説。

◎価格は本体価格です。